GENUSS.SPUR

STEIERMARK

CLAUDIA ROSSBACHER & SABINE FLIESER-JUST

Genuss.Spur Steiermark

CLAUDIA ROSSBACHER & SABINE FLIESER-JUST

GENUSS MOBIL

GMEINER KULTUR

Besuchen Sie uns im Internet:
www.gmeiner-verlag.de
© 2019 – Gmeiner-Verlag GmbH
Im Ehnried 5, 88605 Meßkirch
Telefon 07575 / 2095-0
info@gmeiner-verlag.de
Alle Rechte vorbehalten
1. Auflage 2019
Lektorat / Redaktion: Daniel Abt
Umschlaggestaltung, Layout, Herstellung: Katrin Lahmer
Illustrationen: Genussmobil, Simone Hölsch, Katrin Lahmer
Rahmen-Illustrationen: melrodicq / envato.com
Printed in Slovenia
ISBN: 978-3-8392-2517-2

Sabine Flieser-Just ist gelernte Gastronomin, Diplom-Sommelière für Wein und Käse und Präsidentin des Steirischen Sommeliervereins. Sie arbeitet als Dozentin für Tourismusberufe und selbstständiger Genusscoach, gerne auch in ihrem geheimen Weinkeller in Graz.

Claudia Rossbacher, gebürtige Wienerin und Wahlsteirerin, ist diplomierte Tourismusmanagerin, war Model, Texterin und Kreativdirektorin, ehe sie mit ihren Steirerkrimis zur Bestsellerautorin wurde.

INHALTSVERZEICHNIS

OBERES MURTAL

ALPINE STEIERMARK

OSTSTEIERMARK

SÜDSTEIERMARK

REGION GRAZ

GRAZ

Legende:

Krimi

Rezept

Ein Jahr lang waren wir unterwegs. 12.000 Kilometer. Kreuz und quer durch die Steiermark, im Genussmobil, auf Schneeschuhen, zu Fuß und mit dem Fahrrad, um der »GenussSpur« zu folgen. Sabine, die Genussexpertin, Claudia, die Steirerkrimi-Autorin, und Lucija, die Fotografin. Gekannt haben wir uns schon vorher, inzwischen sind wir dicke Freundinnen geworden. Ja, unsere gemeinsame Reise durch die steirischen Regionen hat auch bei uns ihre »GenussSpuren« hinterlassen. Doch damit sind keineswegs nur ein paar läppische Extra-Kilos gemeint.

Wir haben miteinander wunderbare Genussplätze entdeckt, in Kochtöpfe, Fässer und Bottiche geblickt, sind unzählige Treppen auf- und abgestiegen und durch steile Weingärten geklettert. Wir haben so viele Köstlichkeiten probiert und für Sie, unsere Leserinnen und Leser, Rezepte zusammengetragen oder selbst ausgetüftelt und gekocht. Einige Klassiker der steirischen Küche wurden uns von Willi Haider — Haubenkoch, Kochbuchautor und Chefberater für das Kulinarium Steiermark — zur Verfügung gestellt, wofür wir uns sehr herzlich bedanken.

Allem voran aber durften wir einzigartigen Menschen begegnen. Persönlichkeiten, die uns viel zu erzählen hatten. Sie alle haben eines gemeinsam: die Leidenschaft für ehrliche Produkte, Lebens- und Genussmittel aus der Region. Wir haben mit Landwirten, Winzern, Lebensmittelhandwerkern, Köchen, Gastronomen, Produzenten, darunter einigen Innovatoren, gesprochen. Keiner von ihnen hat einen einfachen Weg eingeschlagen. Doch alle arbeiten sie aus voller Überzeugung und mit Hingabe. Für die Heimat, die Menschen, die Natur, die uns so vieles schenken, wenn wir ihnen nur achtsam und respektvoll begegnen.

Was wir erlebt, genossen und gekocht haben, möchten wir nun mit Ihnen teilen. Denn was gibt es Schöneres, als sich gemeinsam mit lieben Menschen an einen Tisch zu versammeln und in entspannter Atmosphäre zu genießen? Einige ausgewählte Adressen haben Platz in unserem Buch gefunden. Etliche Empfehlungen mehr haben wir für Sie aufgelistet. Doch es sind bei Weitem nicht alle, das hätte den Rahmen gesprengt.

Nun wünschen wir Ihnen viel Spaß beim Lesen, Nachkochen und -reisen! Unsere Entdeckungen mögen auch Ihnen viele genuss- und freudvolle Momente in unserer wunderschönen, so vielseitigen Steiermark bereiten.

Herzlichst Sabine, Claudia und Lucija
Graz, im August 2019

P.S.: Wer wissen möchte, wie es auf der »GenussSpur« weitergeht:
  instagram.com/genuss.spur.steiermark
  facebook.com/genussSpur.Steiermark

Vorwort

Die Steiermark ist ein Genuss; kulturell, landschaftlich und nicht zuletzt auch kulinarisch. Mit allen Sinnen verwöhnt unser Land Einheimische und Gäste gleichermaßen. Vom ewigen Eis des Dachsteingletschers im Norden bis zum Weinland im Süden gibt es kaum eine Region, die so viel zu bieten hat. Vielfalt ist steirisch!

Einen Einblick in diese Vielfalt verschafft dieses eindrucksvolle Buch. Es ist eine kulinarische und kulturelle Reise durch die Steiermark und legt eine Spur des Genusses vom Schneeschuhwandern bis zur Entspannung in den Thermalquellen durch das Land. Diese Spur führt Sie, liebe Leserinnen und Leser, zu spannenden Genussadressen, erstklassigen Genusshandwerkern und ausgezeichneten Gaststätten, in denen Sie die vielgerühmte steirische Gastlichkeit und Herzlichkeit erfahren.

Der große steirische Kulturpolitiker Hanns Koren hat einst gesagt, dass Heimat nicht Enge, sondern Tiefe sei. Und so freut es mich, dass in diesem Buch auch die Literatur, in Form von regionalen Krimiepisoden aus der Feder von Claudia Rossbacher, nicht zu kurz kommt. Ihre Texte ergänzen die profunden Genussspuren, denen sie zusammen mit Sabine Flieser-Just im ganzen Land gefolgt ist.

Abschließend wünsche ich allen Leserinnen und Lesern dieses einzigartigen Buches viel Freude bei einem weiß-grünen Streifzug entlang der »GenussSpur« Steiermark!

Ein steirisches »Glück auf!«

Hermann Schützenhöfer
Landeshauptmann der Steiermark

Graz, im April 2019

WESTSTEIERMARK

#SCHILCHER
#DRINKPINK
#BLAUERWILDBACHER
#SCHILCHERWEINSTRASSE
#SOVÜSCHEN
#STEIRISCHERWEIN
#TRINKSTEIRISCH
#WEINLANDSTEIERMARK
#WINEDESTINATIONS
#INSLANDEINISCHAUN
#STURMUNDKASTANIEN
#BUSCHENSCHANK
#HOMEOFERZHERZOGJOHANN
#BRETTLJAUSN
#KÜRBIS
#KERNÖL
#BACKHENDL
#SCHWAMMERLUNDPILZE
#SCHWARZBEEREN
#LANDLEBEN
#WALDBADEN
#WANDERLUST
#LIPIZZANER
#WOIGEHUNDSTEH

WWW.SUED-WEST-STEIERMARK.AT

WIRTSHAUS JAGAWIRT

Als wir den Gastgarten des Wirtshauses Jagawirt auf der Sommereben betreten, nehmen Jaqueline und Denis als Erste Notiz von uns. Aber nur kurz. Denn was sie in der Wiese finden, ist deutlich interessanter. Als »Haushendln mit Familienanschluss« müssen die beiden sich schließlich selbst ihr Futter suchen. Und so wissen sie ganz genau, unter welchem Tisch im herrlichen Gastgarten gerade etwas für sie abfallen könnte. Von den Hühnern unbehelligt dürfen wir weitergehen und betreten ein ländliches Paradies. Die Waldschweine pflegen ihren entzückenden Nachwuchs, auf dem ganzen Hof sind die Kaninchen los, und Ziege Sabine meckert uns hinterher, als wir am Stamm- und Haupthaus ankommen. Hier schlägt das Herz des zu einem kleinen Dorf gewachsenen Gehöfts, auf dem die Familie Goach schon seit Jahrzehnten vorlebt, wie Gastronomie im Einklang mit der Natur funktionieren kann.

Ab Ostern sind die Türen des Wirtshauses für Gäste geöffnet. Die Saison beginnt mit der Fleischweihe direkt vor dem Haus, einem Osterfeuer und einer zünftigen Osterjause. Das Fleisch fürs Geselchte und die Osterkrainer stammt selbstverständlich aus der eigenen Freilandschweinezucht. Werner Goach beherrscht das Fleischerhandwerk, und dass er zum Veredeln keine Zusatzstoffe verwendet, schmeckt man Bissen für Bissen. In der Sturm- und Kastanienzeit gibt es Spezialitäten wie KastaniencremeSuppe oder gefüllte Blutwursttascherln auf Kastanienpolenta, bevor im November die Martinigansln auf die Speisekarte kommen. Beliebte Klassiker wie das mit Mangalitza–Schinken und Käse gefüllte, in Kürbiskernpanier resch herausgebackene Hausschnitzel oder die knusprigen Spanferkelstelzen werden beinahe ganzjährig aufgetischt.

Die Getränke- und Weinbegleitung liegt in den Händen der jüngeren Familiengeneration, die ihr Bekenntnis zum Prädikat »Weingasthof« lebt. Verena, die inzwischen die Geschäfte führt, und Ehemann Wick bieten eine große Auswahl an köstlichen Weinen aus Nah und Fern an. Diplom–Sommelier Wick hat sich kürzlich einen Traum erfüllt und bewirtschaftet mit Sommelierkollegen ein Weingut am Leithaberg im Burgenland.

Die feinen Tropfen gibt es beim Jagawirt auch für zu Hause. Wie die kulinarischen Köstlichkeiten aus der eigenen Produktion kann man sie im Hofladen erstehen, den Maria Goach mit treffsicherem Geschmack liebevoll bestückt. Viele Kleinode, die es hier zu kaufen gibt, finden sich in den schmucken Gästezimmern wieder, in denen es sich wunderbar übernachten lässt. Kein Wunder, dass die meisten, die einmal beim Jagawirt waren, immer wiederkehren.

www.jagawirt.at
Reinischkogel/St. Stefan ob Stainz

KÜRBISKERN-TOPFENGUGELHUPF

Süßes vom Jagawirt

Zutaten für 4 Portionen:

150 g	Zucker
50 g	Honig
130 g	Butter
130 g	Topfen
50 g	geriebene Nüsse,
80 g	fein gehackte Kürbiskerne
5	Eier, Dotter und Eiklar getrennt
40 g	Brösel
	Schale und Saft von 1 Zitrone
½ TL	Vanillezucker
½ TL	Backpulver
	Staubzucker

Aus dem Zucker, dem Honig, dem Vanillezucker, Backpulver, der Butter, den Dottern und dem Saft der Zitrone einen Abtrieb bereiten.

Den passierten Topfen dazugeben. Aus dem Eiklar einen Eischnee schlagen.
Unter die sehr flaumige Masse den Eischnee, die Brösel, die Nüsse, die Kürbiskerne und die geriebene Zitronenschale heben.

Die Masse in ausgefettete und mit fein gehackten Kürbiskernen bestreute Gugelhupfförmchen füllen und bei 170 °C Ober- und Unterhitze etwa 35 – 40 Minuten backen.

Den Gugelhupf aus den Förmchen stürzen und mit Staubzucker bestreuen.

KRIMI: RÜCKTRITTSREIF

Polternd betraten die Männer die Gaststube des Dorfwirtshauses. Offensichtlich hatten sie sich bereits woanders Mut angetrunken. Im Halbkreis stellten sie sich um den Stammtisch herum auf. Keiner von ihnen wagte es, den Mund als Erster aufzumachen.

»Was wollts denn? Hockts euch her da. Die Runde geht auf mich«, krakeelte der einzige Gast am Tisch. Auch er hatte wohl schon recht tief ins Glas geblickt.

»Wir woll'n nix mit dir trinken, Bürgermeister. Wir woll'n, dass du z'rucktrittst.«

»Ich soll z'rucktreten? Aber wieso denn?«

»Du hast dich an der Uschi vergriffen. Das gehört sich nicht für einen Bürgermeister«, dozierte der Dorflehrer.

»Glaubt's ihr der Schlamp'n leicht mehr als mir?«

»Der Luis hat doch gesehen, wie du die Uschi nach dem Dorffest hinters Gebüsch gezerrt hast.«

Luis nickte, wagte es aber nicht, dem Herrn Bürgermeister ins aufgedunsene Gesicht zu blicken.

»Deine Hose hast erst zuag'macht, wie i di zur Red g'stöllt hab«, erinnerte er ihn mit gesenktem Haupt.

»Aber geh … Die Uschi wollt's doch auch«, behauptete der Bürgermeister.

»Deswegen hast ihr den Mund zuag'haltn, und sie hat die ganze Zeit g'reart?«

Schulterzucken. Dazu ein letztes hämisches Grinsen.

Als die Männer den Dorfwirt verließen, war der Blick des Bürgermeisters so leer wie sein Schnapsglas. Dass er mehrere Projektile in seinem Kopf hatte, die von unterschiedlichen Waffen stammten, kümmerte nicht einmal den Arzt, der seinen Tod feststellte. Wieder so ein tragischer Selbstmord!

DER BLAUE WILDBACHER
UND DIE SCHILCHERMADLN

Der Blaue Wildbacher zählt mit Sicherheit zu den interessantesten autochthonen (also alteingesessen, einheimischen) Rebsorten weltweit. Und er spielt die Hauptrolle auf der Schilcher Weinstraße, die sich von Ligist bis Wies erstreckt. Die Region ist geprägt von einem ganz besonders selbstbewussten Menschenschlag, der voller Stolz auf seine wunderschöne Heimat ist. Können wir gut verstehen, die Liebe zur Schilcherheimat.

Unter den Einheimischen und hinter vorgehaltener Hand werden wir, wenn wir gemeinsam mit unserer lieben Freundin, Edelbrennerin Maria Steinbauer, unterwegs sind, die *Schilchermadln* genannt. Als Zuagroaste (Claudia), dort Geborene (Sabine) und dort Verwurzelte (Maria) fühlen wir uns im Schilcherland pudelwohl. Und trinken gerne Schilcher, den Roséwein aus der Blauen Wildbachertraube. Am liebsten prickelnd, aber auch gerne still. Manchmal experimentieren wir damit: Claudia hat vor einiger Zeit ein Getränk zu Ehren der *Schilchermadln* erfunden, das an heißen Tagen herrlich erfrischt und garantiert die Laune hebt. Vor allem, wenn man die Variante mit Schilcherfrizzante oder -sekt statt Mineralwasser wählt. Ihren Longdrink taufte sie »Steirermadl«.

Um dem Schilcher direkt beim Erzeuger zu begegnen, treffen wir uns beim Langegger Winzer Stefan Langmann auf der Terrasse. Die bietet eine überwältigende Aussicht. Ins Land »einischau'n« kann man hier, sogar bis ins slowenische Nachbarland »umi«. Der Buschenschank ist noch geschlossen, daher kann Stefan sich die Zeit nehmen für eine immer wieder spektakuläre Zeremonie: Mit einem Säbel sabriert er für uns eine Flasche Sekt. Vor dem Köpfen herrscht darin ein Druck von bis zu sechs Bar. Kein Wunder, dass der Korken beim Säbeln abzischt. Aber nicht nur das Zelebrieren dieses Rituals ist ein Vergnügen, die schonende Verarbeitung des Grundweines und das gekonnte Versekten sorgen für feinsten Trinkgenuss.

Wildbacher in Rosé lässt die fruchtige Variante der Rebe hervorscheinen. Intensive Walderdbeeren und -himbeeren, Melisse und Holunderblüten strömen aus dem Glas in die Nase. Die prickelnden Perlen animieren zum nächsten Schluck.

Süßer Schilcher ist eine besondere Variante aus der Rebsorte. Das markante Säure- und Tanningerüst macht den Blauen Wildbacher fit, um auch bei guten Wetterbedingungen lange am Rebstock im Weingarten zu verweilen und zum Prädikatswein zu reifen. Köstlich!

Auch als Rotwein macht die Traube eine sehr gute Figur. Kenner vergleichen kräftige Wildbacher aus großen Rieden auch gerne mit Piemonteser Rotweinen. Na dann!

In Weiß gibt es ihn als gleichgepressten Blauen Wildbacher, auf den Claudia besonders abfährt.

Auf unserer Fahrt Richtung Stainz machen wir noch eine kurzen Abstecher zum Weingut Herrgott. Hier wird noch mit der alten Baumpresse gepresst, das wollen wir uns anschauen.

STEIRERMADL

Schilcherland-Longdrink
von Claudia Rossbacher

Zutaten pro Person:
1/8 Liter Schilcherwein
1 Schuss Gin
1 Schuss Rosenblütensirup nach Geschmack
(zum Beispiel vom Weingut Familie Kleindienst in Gundersdorf oder von der Lukashof Genussmanufaktur in Stainz)

Alles in ein Weinglas geben und mit Mineralwasser auffüllen, mit frischer Minze und ungespritzten Rosenblättern dekorieren.

Tipp: Statt mit Mineralwasser kann auch mit Schilcherfrizzante oder -sekt aufgegossen werden.
Dann wird's besonders lustig.

HAHNHOFHÜTTE

Die »GenussSpur« Steiermark führt uns in Claudias Stammlokal auf der Sommereben. Nicht nur, weil sich die Hahnhofhütte in unmittelbare Nachbarschaft der Wahlsteirerin befindet, sondern weil hier seit drei Generationen bodenständig, ohne viel Schnickschnack, aber ganz hervorragend gekocht wird.

Vor einigen Jahren hat Chefköchin Petra den Familienbetrieb von Mutter Christl übernommen. Schwester Sabine leitet die Servicebrigade. Auf 1.000 Metern Seehöhe ist man mit jedem per du, deshalb spielen Nachnamen in der Hütte keine Rolle. Höchstens bei der Tischreservierung, die sich wärmstens empfiehlt. Ausflügler, vorwiegend aus Graz und der Umgebung, zieht es an schönen Wochenenden und Feiertagen nämlich in Scharen herauf.

Nach einer Wanderung am Reinischkogel schmeckt der Schweinsbraten aus dem Tischherd halt gleich noch besser, genauso wie die knusprigen Backhendln und Schnitzeln, die Blut- und Breinwurst.

Zum Nachtisch sind Malakofftorte und Schwarzbeerstrudel immer eine Sünde wert. Zur Verdauung gibt's noch einen Blutwurz, den die Christl aus den Wurzeln der gleichnamigen Pflanze und geheimen Zutaten selbst ansetzt. Seine schöne rote Farbe entfaltet der Kräuterlikör am besten, wenn die Flaschen einige Tage lang in der Sonne stehen. Manche sagen ihm eine potenzsteigernde Wirkung nach, was möglicherweise dem botanischen Namen der Pflanze geschuldet ist: Potentilla erecta. Wer es genau wissen möchte, kann Blutwurz vom Reinischkogel auch flaschenweise mit nach Hause nehmen.

Ebenso unprätentiös wie die Küche ist der Gastgarten: Stühle und Tische stehen mitten auf der Waldlichtung vor dem Haus, teilweise unter einer majestätischen alten Linde. Kinder können sich auf der nahen Schaukel oder im Wald austoben. Drei Gästezimmer wurden 2018 renoviert. Ruhiger und entspannter als hier lässt es sich nirgendwo übernachten.

www.hahnhofhuette.at
Reinischkogel/St. Stefan ob Stainz

KASTANIEN-DESSERTS

Köstlich!
Kastanien-
Rexi

Kastanientorte
(Rezept auf der nächsten Seite)

KASTANIEN-REXI

Im Rexglas gebackener Kuchen

(4 – 5 Einmachgläser à 0,5 l)
Zutaten für 4 – 5 Personen:
Kuchenteig:

80 g	Butter
80 g	Staubzucker
80 g	Kochschokolade (zum Beispiel Kakao pur Kuvertüre 100% von Zotter)
4	Eier, Eigelb und Eiklar getrennt
70 g	Kristallzucker
70 g	Mehl

Kastanienreis:

250 g	Esskastanien (Maroni)

Creme:

500 ml	Schlagobers
100 g	Kochschokolade (zum Beispiel Kakao pur Kuvertüre 100% von Zotter)
50 g	Zucker

Garnitur:

125 ml	Schlagobers
	Flüssigschokolade
	(zum Beispiel Nobelbitter Kuvertüre 70% von Zotter)

Die Schokolade in einer Schüssel über einem Wasserbad schmelzen, etwas abkühlen lassen, mit der Butter, dem Staubzucker und dem Eigelb schaumig rühren.
Das Eiklar und den Zucker schaumig rühren und in die Schokoladenmasse einrühren.
Das Mehl unterheben.
Die Masse auf vier bis fünf Rexgläser verteilen.
15 Minuten im vorgeheizten Rohr bei 180 °C Ober- und Unterhitze backen, dann auskühlen lassen.

Zubereitung Kastanienreis:
Die Kastanien 20 – 30 Minuten kochen, schälen, durch die Kartoffelpresse drücken.
Abkühlen lassen und auf den Kuchen in den Rexgläsern verteilen.

Zubereitung Creme:
Die Schokolade, das Schlagobers und den Zucker über Wasserbad unter ständigem Rühren auf ca. 90 °C erhitzen und abkühlen lassen. Über Nacht im Kühlschrank kalt stellen. Am nächsten Tag mit einem Mixer aufschlagen.

Die Creme auf die Rexgläser verteilen.
Mit geschlagenem Schlagobers und Flüssigschokolade garnieren und servieren.

KASTANIENTORTE

Zutaten für 8 Portionen:
Kuchenteig:
siehe Kastanien-Rexi

Creme:
125 ml   Schlagobers
4   Gelatineblätter
200 g   Kastanienpüree
200 g   Zucker
         wahlweise 20 ml Rum

Kastanienreis & Schlagobersdeko:
100 g   Esskastanien (Maroni)
125 ml   Schlagobers

Kuchenteig (Zubereitung: siehe Kastanien-Rexi) in einer runden Tortenform im vorgeheizten Backrohr bei 180 °C Ober- und Unterhitze ca. 45 Minuten lang backen, anschließend auskühlen lassen.

Für die Creme die Gelatine in kaltem Wasser einweichen, gut ausdrücken und im Wasserdampf unter Rühren auflösen.

Das Kastanienpüree, den Zucker und wahlweise den Rum zu einer Creme verrühren.

Das Schlagobers schlagen und mit der Gelatine unter die Kastaniencreme rühren.

Den ausgekühlten Tortenboden in der Tortenform mit der Kastaniencreme bestreichen, mit Palette glattstreichen. Für zwei Stunden in den Kühlschrank stellen.

Die Torte aus der Form nehmen, mit Kastanienreis (Zubereitung siehe Kastanien-Rexi) und geschlagenem Schlagobers aus dem Dressiersack dekorieren.

KASTANIEN-SCHILCHER-SUPPE MIT ZIMTSTANGERL

Herbstlich Delikates aus der Hahnhofhütte

Zutaten für 4 Personen:
Kastanien-Schilcher-Suppe:

10	Esskastanien (Maroni)
½	Zwiebel
2	Knoblauchzehen
250 ml	Schilcher
750 ml	Rindssuppe
125 ml	Schlagobers
2 EL	Sauerrahm
1–2 TL	Butter
1	Lorbeerblatt
	Je 1 Prise Muskatnuss und Zimt
	Salz, Pfeffer

Zimtstangerl:
Blätterteig
1 Prise Zimt

Kastanien-Schilcher-Suppe:
Die Kastanien kreuzweise einschneiden, je nach Größe 20 – 30 Minuten kochen, schälen, in der Kartoffelpresse oder Küchenmaschine zerkleinern. Die Zwiebel und den Knoblauch fein hacken und in einem Topf in der Butter anschwitzen. Mit Rindssuppe aufgießen. Die zerkleinerten Kastanien und Gewürze hinzufügen. Rund 15 Minuten köcheln lassen. Den Sauerrahm und das Schlagobers einrühren.

Zimtstangerl:
Den Blätterteig mit etwas Zimt bestreuen, in 1 – 2 cm breite Streifen schneiden, zu Spiralen eindrehen, im vorgeheizten Backrohr auf Backpapier ca. 3 – 5 Minuten bei 180 °C Ober- und Unterhitze goldgelb backen.

Den Schilcher zur Suppe hinzufügen und alles mit dem Stabmixer pürieren. Nochmals 5 Minuten köcheln lassen. Mit Salz und Pfeffer abschmecken. Mit Zimtstangerl oder Schwarzbrotcroutons servieren.

WEIN- UND KASTANIENHOF KLUG

Am höchstgelegenen Wildbacher-Weingarten der Welt, beim Bauernhaus der Familie Goach, kommen wir auf unserem Weg auf den Reinischkogel gerade noch rechtzeitig vorbei, als die Familie Klug samt Helfern die allerletzten Trauben des ersten Jahrganges aus diesem Weingarten erntet. Zufriedenheit macht sich breit, der Jahrgang 2018 verspricht einiges. Die Trauben sind perfekt gereift, haben ordentlich Zucker eingelagert und sind kerngesund. Anfang April wird man die Jungfernlese dieses Schilcherweins beim Weinfrühling auf Schloss Stainz erstmals verkosten können. Ansonsten kann man ihn sich auch zum Waldschweinsbraten oder -schnitzel beim Jagawirt, unweit des Bauernhaus–Weingartens, munden lassen.

Doch zuvor ist Sturm angesagt. Sobald die Reben gelesen und gepresst sind, geht es in die Gärung. Schon nach wenigen Tagen wird ein Getränk gezapft, das nicht nur bei den Steirern äußerst beliebt ist. Der Sturm. Am köstlichsten von allen Varianten ist und bleibt der Schilchersturm aus der Blauen Wildbachertraube.

Dazu werden traditionell Kastanien aus der Region gereicht. Bei Markus Klug ist man da genau richtig. Seit 1990 baut er in Hochgrail zusätzlich zum Wein auch original weststeirische Edelkastanien an. Außerdem sind französische, italienische und sogar japanische Sorten bei ihm in Hochgrail gelandet, die sich hier auf 450 Metern Seehöhe schmeckbar wohlfühlen.

Welch paradiesisches Vergnügen, an einem traumhaften Herbsttag im Weingarten zu sitzen, dazu frisch gebratene Kastanien und Schilchersturm zu genießen. Dieses Paket sollte eigentlich zum Weltkulturerbe ernannt werden, finden wir zumindest.

Kastanien oder Maroni, das ist hier die Frage. Allerdings keine Gretchenfrage. Denn es wird einfach je nach Land anders definiert. Und so kann jeder zu seinen Maroni sagen, wie er will.

www.markusklug.at
Hochgrail/St. Stefan ob Stainz

HOFBRENNEREI ULI STEINBAUER

Nach dem Mittagessen schauen wir in der Edelbrennerei von Familie Steinbauer in Rassach vorbei. Ihr frisches Steinobst, allen voran die Kirschen und Weichseln, schmeckt sündhaft gut. Ein Teil wird gleich nach der Ernte ab Hof verkauft, der andere zu hochwertigen Produkten verarbeitet, die wie die frischen Früchte im heimeligen Hofladen angeboten werden.

Die Produktion beginnt im April, wenn die fleißigen Mauerbienen ausschwärmen, die Uli Steinbauer zum Bestäuben der unzähligen Blüten in seinen Obstgärten züchtet. Die Wildbienen, die gern in Hohlräumen wohnen, kommen bereits bei niedrigeren Temperaturen ihrer Arbeit nach als ihre Verwandten, die Honigbienen. Zudem vergeuden sie keine Zeit mit der Honigproduktion und stechen mit ihren kurzen weichen Stacheln praktisch nie.

Nicht zuletzt ist es auch ihrer Arbeit zu verdanken, dass 2018 ein überdurchschnittlich ertragreiches Jahr war. Ernte und Produktion haben dementsprechend mehr Zeit in Anspruch genommen als in den vergangenen Jahren. Aber besser viel Arbeit als gar keine Ernte, wie zwei Jahre zuvor, als es durch den Spätfrost Ende April sogar zu einem kompletten Ausfall gekommen ist. Ausgerechnet in dem Jahr, in dem Uli den Hof von seiner Mutter Maria übernommen hat.

Den Obstbau und das Schnapsbrennen hat Maria ihrem jüngsten Sohn geradezu in die Wiege gelegt. Wobei von schnödem Schnaps hier keine Rede sein kann, handelt es sich bei den hochprozentigen Produkten doch um vielfach ausgezeichnete Edelbrände. Und die wollen genossen, nicht getrunken werden. Wie, das kann man hier sogar lernen: In ihrer Genussschule schärft Maria die Sinne ihrer Kunden in Gruppen von 6 bis 20 Personen (nach Voranmeldung). Sie führt sie in die Sensorik ein, erläutert die wissenschaftlichen Methoden des Verkostens und des professionellen Bewertens von Sinnesreizen wie Geschmack und

Geruch. Zudem vermittelt sie die Genussregeln nach Paracelsus und beantwortet alle Fragen übers Destillieren. Freilich kann man auch ohne Genussschulung und Anmeldung vorbeikommen, um die fantastischen Tropfen zu verkosten. Was wir nun auch tun. Wohl bekomm's!

www.genuss-erleben.at
Rassach/Stainz

KIRSCH-PUNSCH

Maria Steinbauers Rezept für fröhliche Weihnachten

	Zutaten für 4 – 6 Portionen
500 ml	Kirschnektar (zum Beispiel von der Hofbrennerei Steinbauer)
20 – 40 ml	Kirsch-Edelbrand pro Person
100 g	Marzipan
2	Nelken
1	Zimstange
	Kardamom, Piment, Sternanis, jeweils ganze Körner
ca. 100 ml	Schlagobers
4 – 6	Schnapsweichseln

Marzipanmilch:
500 ml Wasser auf dem Herd erhitzen, das Marzipan und die Gewürze dazugeben, aufkochen und rühren, bis sich das Marzipan vollständig auflöst.

Den Kirschnektar leicht erwärmen.

Den Kirschnektar in vorgewärmte Gläser füllen, mit Marzipanmilch auffüllen, mit Schlagobers-Hauberl und einer Schnapsweichsel dekorieren.

RIBES SÄFTE

Wir sind hochoffiziell zu »Schilcherberg in Flammen« in Deutschlandsberg eingeladen. Ein zweitägiges Fest zu Ehren des heiligen Jakobus, dem Schutzpatron der Winzer. Denn heute ist jener Tag im Jahr, an dem im steirischen Weinland nach alter Tradition die Klapotetze in den Weingärten aufgestellt werden. Die hölzernen Windräder sollen durch ihr Klappern die Vögel von den reifenden Trauben fernhalten. Als Abschluss und Höhepunkt der Feierlichkeiten wird auf Burg Deutschlandsberg ein fulminantes Feuerwerk gezündet.

Vorher bleibt uns noch ein wenig Zeit, um einen Zwischenstopp in St. Stefan ob Stainz einzulegen, um uns bei der Firma Ribes mit Fruchtsaft einzudecken. Die Familie Schriebl hat zahlreiche Sorten aus verschiedenen Früchten in ihrem Sortiment. Biozertifiziert ist der Betrieb seit 1995. In den 1960er-Jahren wurde von Milchwirtschaft auf Beerenproduktion umgestellt. Damit sind die Schriebls echte Fruchtsaft-Pioniere. Seit 1993 wird Saft gepresst und abgefüllt. Zunächst von Schwarzen und Roten Johannisbeeren, vor einigen Jahren ist die Aroniabeere hinzugekommen. Inzwischen ist die Apfelbeere, wie sie auch genannt wird, in der Steiermark heimisch und gilt als echte »Powerbeere«. Auf nüchternen Magen sollte sie wegen ihres hohen Gerbstoffgehalts aber nicht getrunken werden, um Magenschmerzen zu vermeiden.

Alle anderen Früchte, die bei Ribes verarbeitet werden, stammen aus der Region. Nach eingehender Qualitätskontrolle wird mit einer hochmodernen Obstpresse aus der Schweiz gepresst, die als Ferrari unter den Obstpressen gilt, nicht nur wegen ihrer markanten roten Farbe, sondern auch wegen der hervorragenden Leistung. Im geschlossenen System zum Schutz vor Oxidation und für eine schonende und sanfte Pressung liefert sie, was die Familie Schriebl als Qualitätskriterium vorgibt:

100 Prozent Inhalt und Geschmack in einem grundehrlichen Produkt. Damit die köstlichen Säfte ihre Frische länger behalten und mehrmals im Jahr abgefüllt werden können, ruhen sie bis zur Verwendung in Edelstahltanks, dabei behalten sie alle wertvollen Inhaltsstoffe.

Während wir mit den Schriebls im Kostraum plaudern, herrscht um uns herum reges Treiben. Ständig kommt jemand herein und bringt leere Kisten zurück, um gefüllte wieder mit nach Hause zu nehmen. Die hochwertige und umweltfreundliche Glasflasche ist im Kreislauf integriert.

Im Herbst bringen viele Privatleute aus der Umgebung die Äpfel ihrer Bäume vorbei, um sie bei Ribes pressen und abfüllen zu lassen und den eigenen Saft mit nach Hause zu nehmen. Diese Dienstleistung ist ein zweites wichtiges Standbein von Ribes.

Übrigens: Claudia hat sich beim Verkosten in den Johannisbeernektar verliebt. Fotografin Lucija mag den naturtrüben Quittensaft. Sabines Liebling ist der Schilchertraubensaft. Wie könnte es auch anders sein?

www.ribes.at
St. Stefan ob Stainz

HOFKÄSEREI DEUTSCHMANN

Steirischer Käse und Deutschmann, das ist eine echte Erfolgsgeschichte. Seit 1988 produziert Franz Deutschmann auf seinem Hof in Frauental nach biologischen Richtlinien aus der Milch der Hofkühe feinsten Rohmilchkäse und hat ein Eldorado für Käseliebhaber geschaffen. Der bereits seit 1992 erzeugte Bio-Camembert und der Bio-Fasslkäs' erfreuen sich überregionaler Beliebtheit. Selbst Prinz Charles kam bei einem hochoffiziellen Empfang der englischen Botschaft in Wien schon in den Genuss dieser herrlichen Rohmilchkäse, für deren Herstellungsart er sich seit Jahrzehnten einsetzt.

Franz und Gudrun Deutschmann nehmen sich auch für uns Zeit, zeigen uns den Hof und den Reifekeller, wo die Käse unter optimalen Bedingungen heranreifen. Auch den neuen Käse im Sortiment dürfen wir kosten, den Bio-Schilcherlandkäse. Ein fein würziger, zwölf Monate gereifter Schnittkäse der mit Bio-Schilcher und -Schilchertrester verfeinert wird. Sein weiniges Aroma und der buttrige Schmelz lassen ihn am Gaumen nahezu zerfließen.

Danach vertiefen wir uns in ein Gespräch über affinierte Käse, also Käse, die über die Rinde während oder nach abgeschlossener Reife mit verschiedensten Aromen verfeinert werden. Ein spannendes Thema, und wieder wird uns klar, wie genussreich unsere Steiermark ist. Wie viele familiengeführte Betriebe tagtäglich hochwertige Arbeit leisten, um vorzügliche Lebensmittel herzustellen. Großartige Handwerker, zu denen sich die Deutschmanns ohne Zweifel zählen dürfen.

www.hofkaeserei-deutschmann.at
Frauental

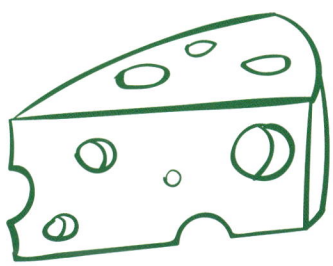

KÜRBISSUPPE

In der Steiermark nie ohne

Zutaten für 4 Personen:
400 g	Muskat- oder Hokkaidokürbis
1	kleine Gemüsezwiebel
2 – 3 EL	Raps- oder Distelöl
125 g	Sauerrahm
600 ml	Gemüsefond
30 g	Kürbiskerne
	gemahlener Kümmel, eventuell Kurkuma
	Salz, Pfeffer
3 – 4 EL	Kürbiskernöl

In der Zwischenzeit die Kürbiskerne in eine trockene, mittelheiße Pfanne geben. Leicht salzen und mit ein wenig Wasser bespritzen. Langsam rösten, bis aus den flachen Kernen bauchige werden. (Es knallt wie bei Popcorn.) Die Kürbissuppe fein pürieren und eventuell noch einmal abschmecken.

Die heiße Suppe in eine Suppenschüssel oder vorgewärmte tiefe Teller füllen, den Sauerrahm einrühren, mit den gerösteten Kürbiskernen bestreuen und mit einigen Tropfen Kürbiskernöl beträufeln.

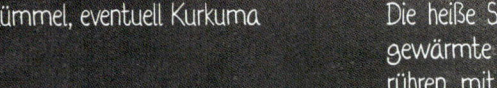

Den Kürbis waschen, schälen, von Kernen und weichem Inneren befreien und in ca. 2 cm große Stücke würfelig schneiden.

In einem Topf den Kürbis, die fein gehackte Zwiebel, den Kümmel und gegebenenfalls Kurkuma in heißem Distelöl anschwitzen.

Mit dem Fond aufgießen, mit den Gewürzen abschmecken und bei mittlerer Hitze ca. 20 Minuten zugedeckt köcheln lassen.

TIPP: Auf steirischen Märkten gibt es Kürbis geschält, gewürfelt oder in Streifen geschnitten zu kaufen

![vegan!]

Tipp: Erdäpfel-Kürbis-Rösti schmecken auch kalt als Imbiss zwischendurch mit Sauerrahmdip oder Salat wunderbar.

ERDÄPFEL-KÜRBIS-RÖSTI

Rösti auf Steirisch

Zutaten für 4 Personen:

- 250 g mehlige Erdäpfel
- 250 g Butternusskürbis
- Majoran
- Muskatnuss
- Salz, Pfeffer
- Rapsöl (für die nicht vegane Variante Butterschmalz verwenden)

Die geschälten rohen Erdäpfel auf einer Krenreib (oder mit einer Küchenmaschine) sehr fein direk in ein Gefäß mit kaltem Wasser reiben und etw 30 Minuten stehen lassen.

Den Kürbis ebenfalls fein reiben.

Die Erdäpfel abseihen und Wasser gut ausdrücken Das abgeseihte Wasser auffangen und stehen las sen (am Boden setzt sich die Erdäpfelstärke ab). Die Erdäpfel zum Kürbis geben, die Stärke un die Gewürze hinzufügen und durchmischen. Rund Laibchen formen und in einer Pfanne mit heißer Rapsöl 8 – 10 Minuten goldgelb braten. Wenden und auf der anderen Seite 3 – 4 Minute braten.

Rösti auf Küchenrolle abtropfen lassen, auf Teller anrichten und servieren.

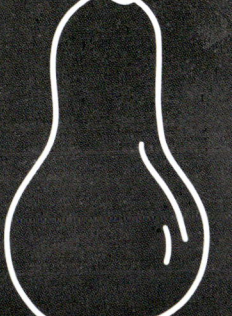

GEFÜLLTER KÜRBIS

TIPP: Dazu passt jede Art
von Blattsalat mit Joghurtdressing.

HOKKAIDO KÜRBIS

Pikant und fruchtig

Zutaten pro Person als Hauptspeise:

1	Hokkaido Kürbis
1	Paprika (verschiedene Farben, auch violett)
5	gehackte Walnüsse
	Schnittlauch
	Petersilie
	Chili (wer's scharf mag)
½	Apfel
1	Zitronenspalte (Saft)
	Salz, Pfeffer
1	Lorbeerblatt
	geröstete Kürbiskerne

Dressing:
Kirschbalsamessig
Würzsoße (zum Beispiel vom Malerwinkl)
Sesamöl

Den Hokkaido halbieren und mit einem Löffel die Kerne herausholen, salzen und mit Lorbeerblatt im Ofen bei 160 °C Ober- und Unterhitze oder Umluft ca. 20 Minuten backen.

Die Paprika und den halben Apfel (mit Zitrone marinieren, damit er nicht braun wird) fein streifig schneiden und gehackte Walnüsse, Schnittlauch, Petersilie und Chili dazugeben. Mit Dressing marinieren, kurz ziehen lassen, bis der Kürbis fertig ist.

Den Kürbis mit Gemüse füllen, mit fein geschnittenem Schnittlauch und gerösteten Kürbiskernen garnieren.

HOCHSTEIERMARK

#HOCHQUELLWASSER
#MOUNTAINWATER
#GAMS
#HOCHWILD
#WILDWASSER
#MEINEWELTSINDDIEBERGE
#SEMMERING
#WALDHEIMAT
#ROSEGGERWASHERE
#NATURPARKMÜRZEROBERLAND
#MÜRZ
#FLIEGENFISCHEN
#EISENSTRASSE
#ERZBERG
#PRÄBICHL
#WINTERSPORT
#KLETTERNUNDWANDERN
#MARIAZELLERLAND
#PILGERWEG
#WALLFAHRT
#LEBKUCHEN

WWW.HOCHSTEIERMARK.AT

GASTHOF EBERHARD

Der Tag beginnt wie jeder unter der Dusche. Neuerdings jedoch mit »Tralala«. Mit »Dusch-Tralala«, dem Duschgesangsunterstützer, den Ilse Blachfellner-Mohri, die umtriebige Wirtin des Gasthofs Eberhard in St. Michael, kreiert und zur Probe geschickt hat. Ihr cremig-zitroniges Duschgel soll zum Singen animieren. Ja, es wirkt tatsächlich, wie das Trällern aus der Dusche beweist.

Frisch geduscht brechen wir in die Berge auf. Genauer gesagt, in die Hochsteiermark. Was früher zur Obersteiermark gezählt hat, heißt jetzt so. Auch wenn sich manch einer nie daran gewöhnen wird.

Wir fahren zur Ilse. Allerdings nicht nur, um noch mehr Duschgel zu kaufen. Zur Ilse fährt man, wenn man gut essen möchte, zählt sie doch zu den besten Slow-Food-Köchinnen weit und breit. Zur Ilse fährt man auch, wenn man es gerne gesellig hat. Ihre Musikfeste sind legendär. Auch ihre Kinovorführungen und die Märkte, die sie auf die Beine stellt. Ilse ist eine begnadete Allrounderin. Und eine herzliche Gastgeberin mit unendlich viel Humor sowieso.

Als wir ankommen, ist die Apfelsaftproduktion gerade im vollen Gange. Alles von Hand versteht sich. Von Ilses Hand und von denen ihrer Freunde, die jedes Jahr gerne helfen. Die Herbstsonne strahlt mit den Weinblättern um die Wette. Wir machen es uns im Gastgarten gemütlich und beobachten das geschäftige Treiben. Jedes Mal, wenn Ilse vorbeischaut, erzählt sie uns eine Geschichte zu einem Lebensmittelhandwerker oder Bauern in der Umgebung. Die haben sich im »Genussreich« zusammengefunden, einer Initiative des Vereins »Kulinarikinitiative Steirische Eisenstraße«. Wer ein paar Tage in der Region verbringt, sollte sich eine »Genussreich«-Tour rund um Reiting und Eisenstraße keinesfalls entgehen lassen.

Aufgetischt wird heute ein Rehschlögel, zart und saftig geschmort. Dazu Grammelbuchteln. Genau: die, die man »Buchteln« schreibt und zu denen man »Wuchteln« sagt – zumindest in einigen Regionen der Steiermark. Im Ofen geschmorter Kürbis und Sellerie ist auch noch dabei. Und selbst eingelegte schwarze Nüsse und Preiselbeeren. Einfach köstlich.

Den Kuchen gibt's dann in der guten Stube, weil es draußen frisch geworden ist.

Beim anschließenden Streifzug durch die Gäste-Genusszimmer mit klingenden Namen wie »Fisch«, »Wild« oder »Honig« nehmen wir uns vor, das nächste Mal über Nacht zu bleiben und den Abend im hauseigenen »Patschenkino« mit einem der zahlreichen Filmklassiker ausklingen zu lassen. Zwei- bis dreimal im Sommer wird das Kino aus dem Frühstücksraum in den Gastgarten verlegt und zum »Kino unterm Kirschbaum« gegrillt.

Auch wer nicht im Haus übernachtet, ist willkommen, im Gasthof zu frühstücken. Da gibt es dann hausgemachte Marmeladen, Pasteten, Aufstriche, prämierte Käse, Schinken vom Bleyer, Wurst vom Mitteregger, Joghurt und Käse von Karin Jöchlinger, Brot vom Gruber aus Sankt Lorenzen und der Etschmayer Birgit aus Schardorf.

Noch slower geht nicht.

www.gasthofeberhard.at
St. Michael

Tipp: Am Ortseingang von St. Michael gibt es eine Schnellladestation für E-Mobile.
Ist einem währenddessen »ladweilig« (© Ilse) empfiehlt sich erst recht ein Besuch im Gasthof Eberhard.

WILDFLEISCH VOM FEINSTEN

Tipp 1: Wildfleischteile von hoher Qualität und zartem Fleisch wie Rücken und Schlögel sollten bei niedriger Temperatur (maximal 140 °C) langsam zartrosa gebraten werden.

EHSCHLÖGEL MIT RAMMELBUCHTELN

Gedicht, das Gericht von der Ilse

Tipp 2: Bei gebundenen Wildsoßen sollte der Rotwein mit Mehl oder Stärke verrührt werden, damit die Farbe schöner gerät. Das Wurzelgemüse keinesfalls pürieren, nur abseihen.

Zutaten Rehschlögel für 4 Personen:

800 g	ausgelöster Rehschlögel (alternativ gerollte Schulter)
150 g	fein geschnittenes Wurzelgemüse
1	Zwiebel
1 EL	Paradeisermark
250 ml	Rotwein
500 ml	Traubensaft
500 ml	Gemüsesuppe (alternativ Wild- oder Rindsuppe)
1	halbierte Knoblauchknolle

Zum Verfeinern:

1	Vanilleschote
4–5	eingelegte schwarze Nüsse
	Salz, Pfeffer
1	Lorbeerblatt
	Pimentkörner und Wacholderbeeren
1	Zimtstange
	Petersilienstängel
	Mehl zum Andicken des Weins
	Öl zum Anbraten
	Spagat zum Binden

Grammelbuchteln:

500 g	glattes Mehl
200 ml	Milch
120 g	Butter
1	Ei und 4 Eidotter
60 g	Kristallzucker
1 EL	Rum
1	geriebene Zitronenschale
	Vanillezucker
1	Päckchen Germ (40 g)
	Salz

Fülle:

150 g	Grammeln
ca. 8	Petersilienstängel
1	kleine Zwiebel
	Salz, Pfeffer
5	Eier
	etwas Milch
	Butter für die Backform

Rehschlögel:
Den Rehschlögel binden, salzen und pfeffern. Dann in einer heißen Kasserolle im Öl rundherum kurz anbraten.

Die Zwiebel halbieren und dazugeben, auf der Schnittseite nach unten anrösten, dann das Paradeisermark zugeben, gut durchrösten, bis es braun wird. Zwischendurch das Wurzelgemüse und die halbierte Knoblauchknolle hinzufügen, mit etwas Rotwein ablöschen, damit eine schöne dunkle Farbe entsteht.

Sobald sich diese dunkelbraune Basis gebildet hat, mit der Suppe und dem Traubensaft aufgießen. Wacholder, Piment, Lorbeer, Zimt und Petersilienstängel zugeben und im Rohr bei 90 °C für ca. 2 Stunden langsam schmoren. Währenddessen den Braten immer wieder mit der Bratensoße übergießen.

Anschließend das Fleisch herausheben und bei 50 °C bis zum Anrichten rasten lassen.

Die Soße durch ein Sieb abseihen, bei Bedarf noch einmal köcheln und reduzieren, dann abschmecken, mit einem Hauch Vanillemark aus der Schote und etwas Rotwein verfeinern.

Grammelbuchteln:
Mit dem Dampfl beginnen: Germ in etwas lauwarmer Milch auflösen, etwas (2–3 EL) Mehl einrühren, eine Prise Zucker zugeben, an einem warmen Platz rasten lassen, bis sich das Volumen verdoppelt hat.

Das restliche Mehl mit dem Dampfl, der lauwarmen Milch, dem Ei, den Eidottern, einer Prise Salz, dem restlichen Zucker, der geriebenen Zitronenschale, dem Rum und dem Vanillezucker vermengen und locker verrühren. Die Butter schmelzen und hinzufügen. Alles bis zu geschmeidiger Konsistenz gut verkneten (am besten mit Küchenmaschine und Teighaken). Zu einer Kugel formen und abgedeckt etwa 10 Minuten an einem warmen Ort rasten lassen.

Inzwischen die Fülle zubereiten.

Die Grammeln mit der fein geschnittenen Zwiebel, Salz und Pfeffer anbraten, die grob gehackte Petersilie hinzufügen.

4 verquirlte Eier dazurühren. Eventuell einen gekochten Erdapfel dazugeben, dann wird die Fülle kompakter.

Den Germteig ausrollen und in 4 – 6 gleichgroße Stücke teilen, zu Kugeln formen, die Fülle hineinpacken und mit der »Naht« nach unten in eine feuerfeste, ausgebutterte Form geben. Ca. 20 Minuten rasten lassen.

Die Oberfläche der Buchteln mit Eiermilch (1 Ei, verquirlt mit etwas Milch) bepinseln und im vorgeheizten Rohr je nach Größe ca. 20 – 25 Minuten bei 180 °C Umlufthitze goldbraun backen.

Das Fleisch in etwa fingerdicke Scheiben schneiden, auf vorgewärmte Teller legen, mit der Soße übergießen, in Scheiben geschnittene schwarze Nüsse dazugeben und mit den Grammelbuchteln servieren.

EBERHARD APFELSAFT

APFEL

Nach unserem Streifzug durch die Gästezimmer gesellen wir uns zu Ilse, die mit ihrer Saftproduktion beschäftigt ist. Ein herrlicher Apfelduft liegt in der Luft. Der Saft wird heiß, per Hand in die Flaschen gefüllt. Unterstützt wird Ilse wie jedes Jahr von ihrem Apfelsaftmeister »Gerdschi« Gerd Windisch und seiner Frau.

Ilses Saftäpfel stammen aus dem eigenen Streuobstgarten, der direkt an der Mur liegt.

Schafnase, Kronprinz, Reinette und Jonagold werden gleich nach dem Einsammeln hergebracht, frisch gepresst und zu Saft verarbeitet. Ein ganzer Wirtshaus-Jahresbedarf wird innerhalb von ein paar Tagen in Flaschen gefüllt. Das bedeutet stapelweise Kisten, jede Menge Flaschen und viel Gelächter.

Wir probieren den natursüßen, warmen Saft, und träumen uns dabei in den warmen Sommer zurück.

www.gasthofeberhard.at
St. Michael

MICHI'S FRISCHE FISCHE

Heute ist ein Set-Besuch beim »Steirerkreuz«-Dreh im Sägewerk in Gußwerk angesagt. Claudia wird den anwesenden Presseleuten Rede und Antwort zur Verfilmung ihres Steirerkrimis stehen. Und wir nutzen die Gelegenheit, um hinter die Filmkulissen zu blicken und mit den Hauptdarstellern zu plaudern.

Vorher schauen wir noch bei Michi Wesonig und seinen Gebirgsfischen vorbei. Das ehemals kaiserliche Jagdschloss in Mürzsteg, Sommersitz des jeweils amtierenden österreichischen Bundespräsidenten, lassen wir an uns vorüberziehen. Wenige Kilometer weiter finden wir die gut versteckte Einfahrt zur Fischzucht. Die Becken fallen kaum auf in der Landschaft. Michi ist noch nicht da. Und so marschieren wir ein Stück weiter Richtung Quelle. Die Luft erscheint uns hier noch ein bisschen

klarer, der Wald duftet intensiver und das kristallklare Wasser plätschert noch ein wenig munterer dahin.

Michi erzählt uns nach seiner Ankunft, wie aus seiner Freizeitbeschäftigung zuerst ein Projekt zur Verbesserung der Gewässer wurde und daraus schließlich ein erfolgreiches Geschäft. Kaum ein Betrieb der gehobenen steirischen Gastronomie, der heute nicht »Michi's frische Fische« verarbeitet. Für Genießer in Graz gibt es neuerdings samstags am Kaiser-Josef-Markt die Gelegenheit, seine Fische und Garnelen zu kaufen. Online kann auch bestellt werden. Dann kommt der Fisch gut verpackt und gekühlt mit der Tagespost ins Haus.

Einige prachtvolle Saiblinge sollen heute »geerntet« werden. Michi erzählt vom sauberen, kalten Wasser, in dem die Fische prächtig wachsen und gedeihen. Es dauert allerdings eine Weile, bis ein Saibling sein Erntegewicht von rund eineinhalb Kilo erreicht: Drei Jahre lang lässt er sich mit biozertifiziertem Futter verwöhnen.

Michi berichtet uns auch von seinem »Fish Farming«-Projekt. Branzino und Garnelen aus der Steiermark. Nachhaltige Zucht in Salzwasser in einer Aquaponikanlage, die Aqua- und Hydrokultur zwecks eines natürlichen Stickstoffkreislaufes verbindet. Platz für die Becken, in denen sich Branzinos und »steirische Gebirgsgarnelen« tummeln, hat er in einer ehemaligen Tischlerei gefunden.

Was für eine großartige Idee: nachhaltig, nachvollziehbar, biologisch und ohne lange Transportwege. Branzino und Garnelen haben wir selbstverständlich gleich in unserer »GenussSpur«-Küche ausprobiert und waren restlos begeistert. »Meeresfisch« kommt uns zu Hause nur noch so auf den Tisch.

www.michis-frische-fische.at
Naturpark Mürzer Oberland

AM STEIRERKRIMI-FILMSET
ODER ALLES FÜR DIE FISCH

Nach unserem Besuch bei Michi's frischen Fischen nahe Mürzsteg schauen wir im Sägewerk in Gußwerk vorbei, wo gerade die Dreharbeiten zum Landkrimi »Steirerkreuz« stattfinden. Bereits zum dritten Mal schlüpfen Miriam Stein und Hary Prinz in die Rollen der LKA-Ermittler Sandra Mohr und Sascha Bergmann. Fünf Wochen lang stehen sie im Mürzer Oberland und im Mariazellerland vor der Kamera.

Befragt zum Thema Fisch gibt sich Hary Prinz als Vertreter dieses Sternzeichens zu erkennen, das als besonders feinfühlig und künstlerisch begabt gilt. Es verwundert daher nicht, dass der viel beschäftigte Schauspieler privat so gar nichts mit dem zynischen Macho Bergmann aus Claudias Steirerkrimis gemeinsam hat. Hary erzählt uns weiter, dass er nicht nur sehr gerne Fisch und Meeresfrüchte isst, sondern diese auch selbst zubereitet, wenn er zu Hause bei seiner Familie ist. Gelernt hat er das in Rom, wo er einige Jahre lang gelebt und gearbeitet hat.

Heute gehe es ihm noch viel mehr als früher um die Qualität der Lebensmittel, sagt er. Und natürlich ist es dem Familienvater ein Anliegen, keine mit Antibiotika, Schwermetallen oder Mikroplastikteilchen belasteten Fische auf den Tisch zu bringen. Bevorzugt greift er daher zu Saiblingen oder Forellen, Zander oder Wels aus heimischer Zucht. Dass es mit Michael Wesonig nun einen Fischzüchter gibt, der auch steirische Branzinos und Garnelen biologisch züchtet, begeistert den Italienfan.

Viel Zeit zum Plaudern bleibt uns leider nicht mehr. Regisseur

Wolfgang Murnberger ruft bereits zur nächsten Szene, in der die beiden Hauptdarsteller einen Tatverdächtigen festnehmen. Rasch schießen wir noch ein Erinnerungsfoto und wenden uns der Producerin zu, die die steirischen Landkrimi-Koproduktionen von ORF und ARD fest im Griff hat. Auch Gabi Stefansich ist leidenschaftliche Fischesserin und genießt angesichts der Überfischung der Meere lieber Biofische aus heimischen Gewässern. Prompt meldet sich bei uns der Hunger, und wir beschließen, beim Essen über die Verfilmung des nächsten Steirerkrimis weiterzureden.

KRIMI: RUFMORD

»Er ist wieder da!« Marion steckte ihren blonden Lockenkopf zur Küchentür herein.

Robert blickte von seiner Pfanne auf, in der er die Saiblingfilets auf der Hautseite anröstete. Mit einer ganzen Knoblauchzehe, einer Prise Salz und Pfeffer. Zu viele Aromen durfte der feine Biofisch nicht annehmen. Die Zutaten für das Kresse-Sauvignon-Schäumchen standen schon parat.

Die Panik in Marions Augen ließ keinen Zweifel offen, wer in der Gaststube saß. Ausgerechnet jetzt, wo es so gut lief. Gerade hatten sie mit ihrem neuen Landgasthaus Fuß gefasst. Ihren Ruf wiederhergestellt, den er zuvor ruiniert hatte. Durch alle sozialen Medien hatte sie der verdammte Foodblogger gezerrt. Sogar die Presse hatte berichtet, dass er angeblich eine Fischvergiftung erlitten hätte – in ihrem haubengekrönten Grazer Gourmettempel! Die Lebensmittelpolizei hatte das gesamte Lokal umgedreht. Und nicht das Geringste gefunden. Der Blogger war mit seiner Klage vor Gericht abgeblitzt. Die Gäste waren dennoch ausgeblieben.

Robert stellte die heiße Pfanne beiseite, um die zarten Filets kurz ziehen zu lassen. Inzwischen ging er zum Apothekerschrank, sperrte ihn auf und nahm ein braunes Glasfläschchen heraus. Er hatte es nur für diesen Zeitpunkt aufbewahrt, von dem er gehofft hatte, dass er niemals kommen würde. Nach wenigen Tropfen im Dessert würde sich der Blogger benommen fühlen, Marion darauf bestehen, ihm ein Taxi zu rufen. Im vermeintlichen Taxi würde Robert sitzen und sich für den Rufmord angemessen rächen.

BRANZINO & GEMÜSE AUS DEM OFEN

Steirischer Branzino à la Chefinspektor Bergmann

Zutaten für 4 Personen:

4	heimische Branzinofilets à 120 – 140 g (Seebarsch oder Wolfsbarsch) von »Michi´s frische Fische«
40 g	Butter
1	Schuss Verjus
1 EL	Öl
	Salz, Pfeffer

Für das Gemüse:

4	mittelgroße gekochte Erdäpfel
400 g	Kirschparadeiser
1	Stange Lauch
2	Fenchelknollen
10	grüne und 10 Kalamata-Oliven
1	in Filets geschnittene Orange
ca. 125 ml	frisch gepresster Orangensaft
	Oregano
	Salz, Pfeffer
2	EL Grammeln

Die Erdäpfel schälen, halbieren oder vierteln. Den Fenchel halbieren und in feine Streifen schneiden. Den Lauch halbieren und in fingerdicke Scheiben schneiden.

Das Öl in eine ofenfeste Form geben, den Fenchel, die Erdäpfel, den Lauch, die Kirschparadeiser, die Oliven sowie Oregano dazugeben, salzen, pfeffern und im Rohr bei 200 °C Umluft ca. 25 – 30 Minuten braten. Ab und zu umrühren.

Bei der Hälfte der Garzeit die Orangenfilets und den Orangensaft dazugeben. Den Ofen auf 50 °C Umluft zurückdrehen und das Gemüse warmhalten. Kurz vor dem Anrichten noch mal würzen.

Butter in einer Pfanne heiß werden lassen, die Filets salzen und pfeffern, kurz auf der Hautseite anbraten. Mit der Butter mehrmals übergießen. Die Filets auf einem vorgewärmten Teller warmhalten. Noch einen Würfel Butter in der Pfanne aufschäumen und mit einem Schuss Verjus ablöschen.

In der Pfanne Grammeln schwenken. Das Gemüse aus dem Rohr nehmen, auf einer vorgewärmten Platte anrichten, die Filets dazulegen, mit der Verjus-Buttermischung übergießen und nach Belieben mit Grammeln als Topping servieren.

Tipp: Heimischen Branzino kaufen. Frischer geht Fisch nicht.

WIRTSHAUS STEIRERECK AM POGUSCH

Wo wir schon einmal in der Hochsteiermark sind, möchten wir es keineswegs verabsäumen, beim wahrscheinlich bekanntesten Wirtshaus der Steiermark vorbeizuschauen. Trotz seiner abgeschiedenen Lage am Pogusch geht die Beliebtheit des Steirerecks weit über die Grenzen des Bundeslands hinaus. Viele Gäste reisen extra aus Wien oder von noch ferner nach Turnau, um im urig gemütlichen Ambiente steirische Gastlichkeit und beste heimische Küche aus regionalen Produkten zu genießen.

Bei einer Wanderung am Bründlweg holen wir uns erst einmal den nötigen Appetit. Nach dreieinhalb Stunden Gehzeit mit großartigen Ausblicken ins Mur- und Mürztal und zum Hochschwab hinüber haben wir uns unser Mittagessen redlich verdient. Und was für eines!

Heinz Reitbauer, begnadeter Gastronom, begrüßt uns persönlich und führt uns an unseren Tisch. (Reservieren ist hier ein absolutes Muss!) Als Willkommensgruß gibt's den legendären Wurzelspeck, den sich schon prominente Gäste aus aller Welt hier schmecken haben lassen. An dieser Stelle seien nur Arnold Schwarzenegger und Red Bull-Boss Dietrich Mateschitz erwähnt, zwei der berühmtesten Steirer überhaupt. Die internationale Promiliste des Steirereck würde diesen Rahmen sprengen.

Sabine zeigt sich von der glacierten Leber begeistert, Claudia schwelgt im saftigen Butterschnitzerl, beides vom zartesten Milchkalb. Zur Nachspeise lassen wir uns den Mohn-Topfen-Würfel mit Sauerampfer-Sorbet und heimischen Käse schmecken. Eines steht fest: Wo immer man herkommt, hier fühlt man sich auf alle Fälle wohl. Auch, wenn man mal »bei Schafen schlafen« oder in einem »Vogelhaus« übernachten möchte.

www.steirereck.at/pogusch
Turnau

LURGBAUER

Wir befinden uns im Schlemmer-paradies. Wieder einmal. Schon als wir beim Lurgbauer in St. Sebastian bei Mariazell ankommen, erwartet uns ein ländliches Idyll. Warme Holztöne und viel Glas verschmelzen nahezu mit der Umgebung. Die schwarzen Aberdeen-Angus-Rinder ziehen wie in einer Universum-Folge gemütlich an uns vorbei. Durch den Umbau ist es Familie Leodolter perfekt gelungen, die Landschaft in ihr Restaurant zu holen.

Aber nicht nur Atmosphäre und Optik sind ein Genuss: Max Leodolter und sein Küchenteam servieren marmoriertes Rindfleisch auf höchstem Niveau. Man schmeckt, dass Max' Vater, Fleischexperte Andreas Leodolter, ein scharfes Auge dafür hat, wie lange das Fleisch am Knochen reifen muss, um eine solche Qualität zu erreichen.

Nach dem Gruß aus der Küche bekommen wir die wahrscheinlich kräftigste und beste Rindsuppe des Landes mit flaumigen Frittaten serviert. Danach wird warmes Rinderknochenmark mit Frühlingskräutern und Bauernbrot kredenzt. In dieser Art genießen wir weiter und verstehen, dass so mancher Feinschmecker für ein Gericht aus Max' Küche sogar zu Fuß ins Mariazellerland pilgern würde. Erholen könnte er sich im Feldkasten oder auch im Gästehaus. Oder doch lieber im Wohlfühlzimmer übernachten? So schwer die Wahl auch fällt, so leicht fallen einem in diesem himmlischen Ambiente die Augen zu.

www.lurgbauer.at
St. Sebastian

ROLLMOPS AUS DEM BACH

Ein Lieblingsrezept von Haubenkoch Willi Haider

Zutaten für 4 Personen:

ca. 500 g	Forellen- oder Saiblingfilets mit Haut
	Salz
je ½ Bund	Dill und Basilikum
	Saft von einer Zitrone
ca. 250 g	verschiedenes Gemüse (Karotten, Kohlrabi, Sellerie, Fenchel, Zwiebel u. a.), in feine Streifen geschnitten
2 EL	Butter
125 ml	trockener Weißwein oder Gemüsefond
	Kräuter nach Belieben zum Garnieren
	Spagat oder Rouladennadeln zum Fixieren

Marinade:

125 ml	Verjus
1	geschnittene Zwiebel
1	Lorbeerblatt
	Salz

Die Fischfilets entgräten, leicht und vorsichtig flach klopfen, am besten zwischen Butterbrotpapier oder einer Backmatte. Mit Salz und nach Gusto mit Dill, Basilikum und Zitrone würzen.

Die Gemüsestreifen blanchieren (kurz überkochen und anschließend in Eiswasser abschrecken).

Die Filets mit dem blanchierten Gemüse sowie gehackten Kräutern nach Wunsch füllen und straff einrollen.

Die »Rollmöpse« mit einem Zahnstocher oder einer Rouladennadel fixieren oder mit Spagat binden. Entweder auf einer ausgebutterten Platte mit etwas Weißwein im Rohr bei 170 °C Ober-/Unterhitze oder auf einem Siebeinsatz über Dunst ca. 5 – 8 Minuten garen.

Etwas abkühlen lassen, die Nadel oder Spagat entfernen und anschließend mit einer milden Marinade aus dem Verjus, der geschnittenen Zwiebel, dem Lorbeerblatt und Salz gekühlt über Nacht ziehen lassen.

Mit Salatgarnitur, gehackten Kräutern und einem Dressing aus Essig und Kernöl anrichten.

Am Teller auf dem Foto haben wir auch ein Fischsülzchen angerichtet, fertig gekauft beim Fischhändler (zum Beispiel von Schröcker aus der Weizklamm).

Alternativ kann mit den Filets eine mediterrane Variante zubereitet werden, Forelle »Saor« nach einem alten Triestiner Rezept:

Die entgräteten, rohen Filets (400 g ohne Haut) in fingerdicke Scheiben schneiden.

Für die Marinade die gleiche Menge rote Zwiebeln wie Filets, in dünne Ringe schneiden, Olivenöl erhitzen und die Zwiebelringe mit 2 Lorbeerblättern auf kleiner Flamme unter ständigem Rühren weichdünsten.

Bevor die Zwiebeln Farbe annehmen, 125 ml Essig (oder Verjus), Saft von 2 Zitronen sowie 125 ml Weißwein (alternativ Gemüsefond) einrühren, eine Handvoll Pfefferkörner oder rosa Beeren zugeben und vom Herd nehmen. Die Filets einlegen und am besten über Nacht gekühlt in der Marinade ziehen lassen.

PRIVATBRAUEREI & BEDARFS-WIRTSHAUS ERZBERGBRÄU

Die Terrassen des mächtigen Erzbergs sind heute von einer weißen Decke verhüllt. Im dichten Schneetreiben führt unser Weg über den Präbichl nach Eisenerz. Kurz bevor wir den Pass überqueren, taucht in unseren Köpfen die Szene aus »Steirerpakt« auf, in der eine nackte Leiche am historischen Einser-Sessellift gefunden wird. So lebhaft weckt die Szenerie die Bilder aus Claudias Roman, dass wir erleichtert sind, keinen Toten zu sehen, als die Liftsessel über unserem Kopf schweben. Der »Einser« im Buch schaukelt allerdings ein Stück weiter oben auf den Polstergipfel hinauf. Im echten Leben fährt er aber wohl erst im Sommer 2020 wieder, wenn der legendäre Skilift, dessen Betrieb vorerst eingestellt werden musste, nach einer ergiebigen Spendensammlung und den notwendigen seilbahntechnischen und Lawinenschutz-Umbauten wieder den Betrieb aufnimmt. Schnell weg hier. In die warme Stube. Unser »Genussmobil« will auch dringend aufgeladen werden.

Wir steuern eine der besten Adressen in Sachen Wirtshauskultur an, die die Steiermark zu bieten hat: Das Bedarfswirtshaus Erzbergbräu. Was ein Bedarfswirtshaus ist? Geöffnet ist es regelmäßig jeden Freitag und Samstag, bei Bedarf (nach Absprache) auch zu anderen Zeiten. Außer im August, da ist wegen Urlaub geschlossen. Sonst wird das ganze Jahr gekocht und Bier gebraut.

Sein Standardbier nennt Reinhold Schenkermaier, seines Zeichens »Master of Beer«, »Gruamhunt«. Neben diesem Durstlöscher braut er die obergärigen Biere »Schneewit« und »Dreihops«, ein Stout namens »Noir«, »Stayrisch dunkel« und Saisonbiere wie das »Austr(al)ia«, das sechs Monate lang im Whiskyfass reift. Alles Biere, die im Bier Guide von »Bierpapst« Conrad Seidl ausgezeichnet wurden.

Reinhold geht es vor allem um die Vielfalt. Und darum zu zeigen, dass Bier vom Aperitif bis zum Digestif ein perfekter Speisenbegleiter ist. Variantenreich einsetzbar mit garantiert voller Aromenentfaltung. »Herr Doktor«, bitte mehr davon. Reinhold Schenkermaier ist der erste Österreicher, der die anspruchsvolle Ausbildung zum »Master of Beer« absolviert hat. Seit November 2018 trägt er somit quasi den Doktortitel der Bierbranche. Als »Certified Member of the Institute of Masters of Beer« gehört er einer erlauchten Runde von weltweit nur fünf Mitgliedern an. »Very well done, Sir«, ist man versucht zu sagen, sieht er doch mit seiner Kappe ein bisschen englisch aus. Aber das geht genauso gut auf Steirisch. Schließlich ist er ein waschechter Eisenerzer.

Helga Schenkermaier zeichnet für das Küchenreich verantwortlich. Sie tischt uns eine köstliche Speise nach der anderen auf. Dazu wählt sie die besten Zutaten der Region, setzt auf biologische Produkte und Erzeugnisse kleiner Lebensmittelhandwerker. Jede Woche kreiert sie ein neues feines Angebot an schmackhaften Gerichten, die perfekt mit den Bieren harmonieren.

Ihr persönliches Käferbohnensuppen-Rezept gibt sie uns mit auf den Weg:

Käferbohnen über Nacht einweichen, am nächsten Tag kochen, erst zum Schluss salzen. In einer Pfanne Butter erhitzen und fein geschnittene Zwiebeln und Knoblauch hell anschwitzen. Gewürfelten Sellerie sowie gekochte und gewürfelte mehlige Erdäpfel dazugeben, 3 – 5 Minuten schmoren, dann mit Bier ablöschen und mit dem Käferbohnensud aufgießen. Ein mit Pfeffer, Lorbeer und Majoran befülltes Gewürzsackerl (auch ein Teeei eignet sich gut) hineingeben, etwa 10 – 15 Minuten köcheln lassen, nachwürzen und mit dem Stabmixer pürieren. Sauerrahm dazugeben und noch einmal kurz durchmixen. Als Beilage gibt's Blätterteigstangerl mit Speck. Mahlzeit!

www.mountironbruery.com
Eisenerz

HEIMISCHES BIOFISCH-SASHIMI UND TATAR

Frischfischgenuss pur

Zutaten für 4 Personen:

ca. 500 g	Bio-Seesaiblingfilets, natur ohne Haut (zum Beispiel von Michi's frische Fische)
	Basis-Würzsoße aus Süßlupinen (zum Beispiel vom Malerwinkl, alternativ Sojasoße)
1	Ingwerknolle
1 Bund	frischer Koriander, gehackt
1 TL	Bio-Blütenhonig
	Bio-Distelöl (zum Beispiel Fandler oder Hartlieb)
1	fein gehackte Jungzwiebel
1	kleine Fenchelknolle, feinst würfelig geschnitten
	Steinsalz oder Meersalz aus Piran
	Pfeffer, ganze Körner
	Verjus
1	Limette
3 – 4 EL	Kürbiskernöl

Vom Filet die Rückengräten entfernen. Für das Tatar die Hälfte der Fischfilets in kleine Würfel hacken.

Die fein gehackte Jungzwiebel, den feinst würfelig geschnittenen rohen Fenchel, ein wenig fein gehackten Ingwer, das Steinsalz und grob gestoßenen Pfeffer untermengen und einige Minuten ziehen lassen.

Marinade aus Süßlupinensoße, Verjus, Koriandergrün, in Streifen geschnittenen Ingwer, Blütenhonig und Distelöl bereiten und gut mischen.

Für Sashimi die andere Hälfte Seesaibling roh in feine Scheiben schneiden und auf dem Teller auflegen.

Die Marinade in einem Schälchen extra anrichten. Tatar mithilfe einer Form anrichten, alternativ als Laibchen oder Nockerl formen.

Mit Limettenfilets und grob gestoßenem Pfeffer garnieren.

RÄUCHER-FORELLENSUPPE

Aus der Fischküche von Haubenkoch Willi Haider

Zutaten für 4 Personen:
- 1   ganze Räucherforelle
  (oder einen anderen Räucherfisch)
- 1 EL   Butter zum Andünsten
  optional: ein wenig Weißwein oder
  trockener Wermut
- 750 ml   Fischfond
- 1 – 2   mittelgroße Karotten
- 125 ml   Schlagobers (flüssig)
- 1   mittelgroßer mehliger Erdapfel zum Binden
  Dill
  Salz (ideal ist Ausseer Bergkern)
  Pfeffer aus der Mühle

Croutons:
- 2   Scheiben Brot
- 2 EL   Butter
- 2   Knoblauchzehen

Die Forelle filetieren. Gräten, Kopf und Haut in etwas Butter andünsten. Wenn gewünscht mit Weißwein oder Wermut ablöschen, mit Fond aufgießen, halbierte Karotten dazugeben und ca. 15 Minuten auskochen.

Durch ein Spitzsieb abseihen, mit dem Obers auffüllen und mit zwei Dritteln des Forellenfilets sowie dem Erdapfel gut und lange mixen.

Nochmals abseihen und mit Salz, Pfeffer und etwas Dill abschmecken.

Die Brotscheiben in Würfel schneiden und in einer Pfanne in der Butter leicht bräunen. Die grob geschnittenen Knoblauchhälften sowie eine Prise Salz zugeben, kurz aufschäumen lassen. Den Knoblauch entfernen und die Pfanne vom Feuer nehmen. Auf einer Küchenrolle abtropfen lassen.

Das restliche Forellenfilet klein schneiden, in die vorgewärmten Teller geben, mit Suppe aufgießen und mit Dill garnieren.

Tipp: Für die Croutons eignet sich altbackenes Brot hervorragend.

RÄUCHERFORELLEN-PALATSCHINKE

Der Partysnack für Fischliebhaber

Zutaten für 4 Personen:

Palatschinke:

100 g	Vollkorndinkelmehl
60 g	Butter (alternativ Öl)
1	Ei
300 ml	Milch
	Prise Salz

Fülle:

400 g	kalt geräucherte Lachsforelle
125 g	Sauerrahm (je nach Geschmack auch mehr)
1	Bund Schnittlauch
	Saft von 1 Zitrone
	Salz, Pfeffer

Tipp: Perfekte Begleiter sind alle Arten von Salaten.

Palatschinke:

Für den Teig die Milch mit dem Ei verquirlen, die Butter und das Mehl einrühren, eine Prise Salz dazugeben und für ca. 1 Stunde rasten lassen.

Anschließend in einer Pfanne die Butter (oder das Öl) erhitzen. Etwas Teig eingießen, goldgelb anbacken, Palatschinke wenden und fertig backen. Auskühlen lassen.

Sauerrahm mit fein geschnittenem Schnittlauch, Zitrone, Salz und Pfeffer würzen.

Die Palatschinken mit der Rahmmischung bestreichen, die Lachsforelle in dünne Scheiben schneiden und auflegen. Straff und dünn einrollen, dann kurz kaltstellen. In zweifingerbreite Scheiben schneiden und dekorativ anrichten.

FISCHLAIBCHEN

Karpfen einmal anders: harmonisch-pikant

Zutaten für 4 Personen:
600 g geschröpftes Karpfenfilet,
ohne Haut und feingehackt
1 EL Butterschmalz zum Braten
1 Bund Koriandergrün, feingehackt
Salz, Pfeffer aus der Mühle
Zeste (geriebene Schale) und
etwas Saft von einer Limette
Bröseln zum Wenden
1 rote Zwiebel, feingehackt
Ingwer nach Geschmack, feingehackt

Den feingehackten Karpfen, die Zwiebel, den Ingwer, die Limettenzeste und den -saft mit den Gewürzen und dem Koriander vermengen und daraus Laibchen formen. Die Größe kann nach Gusto variieren. In einer Pfanne Butterschmalz heiß werden lassen, die Laibchen in den Bröseln wenden und braten. Zum Warmhalten im Ofen bei 60 °C Ober-/Unterhitze ziehen lassen.

Für gesellige Runden auf einer Platte anrichten und in der Mitte des Tisches einstellen.

FORELLE MÜLLERIN

Der absolute »Ganz-Fisch-Klassiker«

Zutaten für 4 Personen:

4	ausgenommene Forellen oder Saiblinge, je ca. 220 – 240 g
2	Zitronen, davon 1 gepresst, 1 in Scheiben geschnitten
	Salz
ca. 60 ml	Öl (alternativ Butterschmalz)
	griffiges Mehl oder Maismehl (zum Forellen darin wenden)
200 g	Butter
2 – 3 EL	Petersilie, gehackt
½	Bund Petersilie
3 – 4 EL	Mandelblättchen

Die geputzten und gewaschenen Forellen salzen, in den Bauch 2 – 3 Zitronenscheiben sowie 1 – 2 Petersilienstängel füllen und in dem griffigen Mehl wenden.

Das Öl oder Butterschmalz in einer tiefen Pfanne nicht zu stark erhitzen und Forellen darin je nach Größe auf jeder Seite ca. 5 – 8 Minuten langsam braten. Forellen aus der Pfanne heben und warm stellen.

Das Bratfett aus der Pfanne abgießen und die Butter darin aufschäumen. Die Mandelblättchen hineingeben, die gehackte Petersilie dazugeben und etwas salzen. Forellen auf vorgewärmten Tellern anrichten, mit Zitronenscheiben garnieren und mit der Petersilienbutter beträufeln.

Als Beilage dazu passen klassische Petersilerdäpfel

Tipp: Mit Knoblauch und Petersilie in der Butter spricht man von »Forelle Triestiner Art«.

ZANDER AUF LINSEN-KÜRBISGEMÜSE

Wir bitten zu Fisch.

Zutaten für 4 Personen:

4	Zanderfilets à 200 g
150 g	Belugalinsen
150 g	Äpfel
300 g	Kürbis
80 g	Butter
250 ml	Apfelcider
1	Bund Estragon oder Dill
	Salz, Pfeffer

Die Äpfel waschen, schälen, halbieren, vom Kerngehäuse befreien und das Fruchtfleisch würfeln. Das von der Schale gelöste Kürbisfleisch in gleich große Würfel schneiden. Die Linsen und die Hälfte der Apfel- und Kürbiswürfel in Butter anschwitzen und mit dem Cider etwa 10 Minuten weichkochen.

Den Estragon oder Dill waschen und je 2 Zweige zum Dekorieren beiseitelegen.

Die restlichen Apfel- und Kürbiswürfel mit dem restlichen Estragon hinzugeben und etwa 5 Minuten weiter kochen.

Die Filets auf der Hautseite kreuzweise einschneiden. In einer heißen Pfanne zuerst auf der Hautseite anbraten und nach ca. 3 Minuten wenden, die Hitze reduzieren und den Fisch glasig ziehen lassen.

Das Gemüse auf vorgewärmten Tellern anrichten, den Fisch darüberlegen, mit Estragon oder Dill dekorieren.

SÜDOSTSTEIERMARK

#VULKANLAND
#WOLLSCHWEINDERL
#OINKOINK
#MANGALITZA
#SCHINKENSPEZIALITÄTEN
#WEIDEGANS
#KREN
#STRADNER
#SCHOKOLADEMACHTNICHTDICK-
SONDERNSCHÖN
#THERMENLAND
#WELLNESS
#RELAXANDENJOY
#WOHLFÜHLOASE
#COMEANDRELAX
#WASSERSPASS
#IHRAUFGUSSBITTE
#TRAMINERLAND
#ERUPTION
#OLIVIN

BIO-WEINHOF MONSCHEIN, DÖRFL STUB'N UND MOSCHNÄK

Ein wunderbarer Herbsttag lockt uns zu einem Ausflug ins Vulkanland. Über sanfte Hügel erstreckt sich unsere heutige Tour. Wir lassen uns treiben und entdecken zauberhafte Fotomotive. Leise und slow sind wir unterwegs, ohne Motorengeräusch. Beinahe im Schneckentempo.

Das passt genau zu unserem auserwählten Ziel: die »Dörfl Stub'n«, die zum Bio-Weinhof Monschein in Straden gehört. Eingebettet zwischen Biowiesen und Biokürbisäckern liegt er idyllisch am Poppendorfer Bach, der fast genauso leise dahinplätschert wie wir. Der Dreikanthof von Alexandra und Klaus Monschein bietet uns an diesem Herbstnachmittag einen lauschigen Platz an der Sonne.

Die »Ogmocht'n Oa« haben wir von unserem letzten Besuch noch in bester Erinnerung. Die für die Region einstmals typische Arme-Leute-Speise besteht aus hartgekochten Eiern, mariniert mit Süßrahm und Kernöl, garniert mit roten Zwiebelringen. Die perfekte Unterlage für mehr als ein Glasl Wein, quasi das ideale Buschenschank-Gericht.

Die weitere Auswahl fällt uns nicht leicht. Zu verführerisch liest sich die Speisekarte, die traditionelle Gerichte zeitgemäß interpretiert. Vom »Ogmocht'n Rada« (Biorettich) über Pogatscherln (serviert als Burger) bis zu hausgemachten Mehlspeisen von der Oma. Herr Klaus, wie sich der Hausherr selbst auf der Karte nennt, verarbeitet feinste Bio-Rohwaren vom Schwein zu edlen Schinken, Würsten und Aufstrichen.

Die hauseigenen Weine zeigen ein sehr persönliches, in sich stimmiges Bild. Biologisch gewachsen, wollen sie auch gerne mit Reife getrunken werden. Abgefüllt werden die Weine nie vor März. Ihren Charakter entfalten sie erst richtig nach einigen Monaten in der Flasche. »Wir wissen, wo wir hin wollen, diesen Weg verfolgen wir konsequent«, behauptet das Winzerpaar über sich selbst. Schön. Slow.

Genauso slow wie die Bewohner ihrer Schneckenfarm. Seit einiger Zeit gehören nämlich Weinbergschnecken zum Monschein-Hof und damit zum Repertoire in der »Dörfl Stub'n«. Wer das beschauliche Leben der Tiere beobachten möchte, wird gerne zur nahen Bio-Kräuterwiese geführt. Wie so ein »Moschnäck« schmeckt? Das kostet man am besten selbst beim »Schmecken Schnäcken?«. Immer zu Vollmond werden die Weichtiere in allen nur erdenklichen Variationen zubereitet. Ob geräuchert, gebraten oder paniert. Auch die Schneckenleber ist eine Delikatesse.

Unser »Genussmobil« ist ebenfalls bestens versorgt, es lädt an der hauseigenen Stromtankstelle auf, während wir hart arbeiten, essen und trinken.

www.wein-monschein.at
Straden

BESSER A SCHNECK ALS GAR KA SPECK

So hieß es im 18. und 19. Jahrhundert, als die Weinbergschnecke ein Volksnahrungsmittel war. Jedermann konnte sie selbst sammeln. Schneckenrezepte waren entsprechend gefragt: Von Schneckenknödel bis Schneckensalat gab es einen reichen Fundus. So auch im Kochbuch, das von der »schriftstellenden Kochkünstlerin« Katharina Prato verfasst wurde. Die 1. Auflage erschien 1858 und umfasste 348 Seiten. Es sollte ein Welterfolg werden. »Die Prato« erreichte eine geschätzte Weltauflage von einer Million Exemplaren und wurde ständig um Rezepte erweitert. Die Verfasserin hat eine riesige Sammlung aus der damaligen Zeit und somit ein wunderbares Nachschlagewerk hinterlassen. So manches ihrer Rezepte findet sich auch in aktuellen Kochbüchern wieder. Sei es nun abgeleitet oder abgeschrieben.

Katharina Prato, geboren 1818 in Graz als Tochter eines wohlhabenden Privatiers, galt als eine der ersten selbstbestimmten Frauen ihrer Zeit. In kulinarischer Hinsicht beeindruckte sie durch einen besonderen Weitblick. Ihr Themenbogen spannte sich bis zur Gesundheitslehre, aktuellen Tischkultur- und Serviertipps.

Als Hommage an diese Vorreiterin geben wir eines ihrer Schneckenrezepte weiter. Auch, weil die Weinbergschnecke heutzutage wieder salonfähig ist. In namhaften Restaurants steht sie auf der Speisekarte.

SCHNECKENHASCHEE AUF SEMMELSCHNITTEN

»Noch fest geschlossene Schnecken wäscht man und kocht sie ungefähr 1 Stunde lang in Salzwasser, bis man den aufgesprungenen Deckel leicht wegbrechen und die Schnecken mit einer Spicknadel herausziehen kann, was geschehen muss, solange sie heiß sind. Wenn man sie weiter verwendet, schneidet man den Kopf, Schweif und die Steine weg.

Zu in Butter angelaufenen Bröseln gibt man Petersilie, Schalotten, Limonenschalen, 25 Schnecken, feingeschnitten, und ein paar Löffel sauren Rahm. Aufgekocht mischt man 2 Dotter dazu, streicht es auf gebackene Semmelschnitten und gibt sie auf Sauerkraut oder zu Erbsensuppen.«*

Anmerkung: Haschee ist sehr fein zerkleinertes Fleisch, eine Mittelvariante zwischen Ragout und Faschiertem.

* Rezept aus »Prato: Die gute alte Küche«, neu editiert und kommentiert von Christoph Wagner, Pichler Verlag, Verlagsgruppe Styria, 2006. Mit freundlicher Genehmigung des Verlags.

MONSCHEIN
GRAMMELPOGATSCHERLN

Aus Großmutters Küche neu interpretiert

Zutaten für ca. 20 Stück:

500 g	Bio-Mehl
40 g	Bio-Germ
1,5 EL	Bio-Zucker
1,5 EL	Salz
30 ml	Bio-Milch
50 – 80 g	Bio-Grammeln
30 ml	Bio-Sonnenblumenöl
1	Bio-Ei (zum Bestreichen)
	Kümmel und grobes Salz
	(zum Bestreuen)

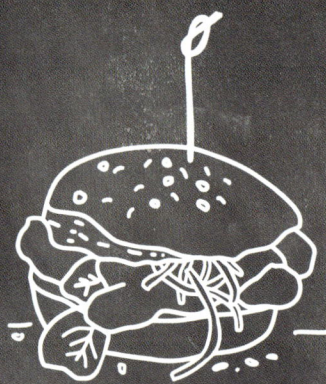

Dampfl bereiten aus dem Bio-Germ, der Bio-Milch und dem Bio-Zucker. (siehe Seite 51)

Das Mehl mit den Grammeln und dem Salz vermischen, langsam das Dampfl zum Teig zugeben, das Öl zum Abschluss eingießen und gut kneten.

Den Teig rasten lassen bis er das doppelte Volumen hat, dann zusammenkneten und 2 cm hoch auswalken. Mit dem Rand eines ¼-Literglases runde Pogatscherln ausstechen und auf die doppelte Höhe aufgehen lassen. Anschließend mit dem Ei bestreichen und mit Kümmel und grobem Salz bestreuen. Im Rohr bei 160 °C ca. 20 Minuten Umluft oder Ober-/Unterhitze backen.

Fülle:
Nach Geschmack und Fantasie zum Beispiel mit Speck, Käse, Schinken, Salatblatt, Frischkäse, Paradeisscheibe, Kren und was das Herz begehrt belegen.

HERRENHOF LAMPRECHT

Als »Artisan Handcrafted Wines« bezeichnet Gottfried Lamprecht seine Weine vom Buchertberg in Markt Hartmannsdorf. Seine Leidenschaft gilt dem »Freestyle Winegrowing«. So ungeregelt diese Bezeichnungen auch klingen mögen, sind sie ganz bewusst gewählt. Es geht nicht um unkontrollierten Wildwuchs, im Gegenteil. Das Wilde am Wuchs ist, dass die Reben natürlich wachsen und gedeihen können. Sehr gut umsorgt von Gottfried, der den Boden und dessen Schätze genau studiert und danach seine Rebstöcke sorgfältig pflanzt. Jeden Einzelnen der fast 55.000. Kompromisslos wie Gottfried in allen Weinbelangen nun einmal ist, hat er sich eigene Qualitätskriterien geschaffen. Dennoch legt er auf das offizielle Biosiegel wert.

Als Gottfried im Jahr 2006 den Betrieb übernommen hat, stand am Hof der Obstbau im Mittelpunkt. Die Liebe zum Weinmachen hat er in der Wein- und Obstbauschule entdeckt und daraufhin Wein ausgepflanzt. Durchaus in der Tradition des Hofes: Schon 1848 wurde am Herrenhof der Wein für das oststeirische Stift Vorau gekeltert.

Der Ertrag wird im Weingarten auf 45 Hektoliter je Hektar beschränkt. Das gibt den Trauben mehr Konzentration. Gottfrieds Weine gären spontan, mit Naturhefen, die diese aus dem Weingarten mitbringen. Der Opok und die kalkhaltigen Sandsteine des Buchertberges geben den Wurzeln seiner Rebstöcke idealen Halt und Lebensraum.

Gottfried setzt besonders auf Burgundersorten, weiße wie rote. Weißburgunder, dazu ein kleiner Anteil Grauburgunder und Chardonnay finden sich im »Sand & Kalk«, seinem Basiswein, der Lust auf mehr macht. Ein spannender Wein ist auch der »Buchertberg«, ebenfalls ein Gemischter Satz, bei dem mehrere Rebsorten zusammen gekeltert werden. Gottfried ist ein Verfechter, Bewahrer und Erneuerer dieser ursprünglichsten Art, einen Weingarten zu bewirtschaften, in dem verschiedene Sorten nebeneinander wachsen und zur selben Zeit gelesen werden. Über 100 unterschiedliche Rebsorten sind es in seinem Garten. Neben den bekannten hat er auch uralte, fast vergessene zusammengetragen und hier ausgepflanzt.

Naturweinliebhaber schätzen seine Weine besonders. Möglichst unfiltriert und kaum geschwefelt werden sie nach der Reife in Startin-Fässern, die auch mit Holz aus dem eigenen Wald gebaut werden, in die Flaschen abgefüllt und mit selbst entworfenen Etiketten verschönert.

Sehr guten Verjus gibt es bei Lamprecht obendrein. Der wird aus dem Saft von grünen Trauben gewonnen, kann als feinsäuerliches Würzmittel Essig oder Zitrone ersetzen, und ist mit Soda aufgespritzt ein herrlich erfrischendes Sommergetränk.

www.herrenhof.net
Markt Hartmannsdorf

Klöch und Traminer. Zwei, die zusammengehören wie Pech und Schwefel. Der Klöcher Basalt, Zeugnis längst erloschener Vulkane aus Urzeiten, bietet dem Traminer nirgendwo sonst in der Steiermark einen besseren Boden. Dem Winzer Stefan Müller gelingt es, die Kraft der Erde in seinem Wein zum Leben zu erwecken. Nicht nur zahlreiche Kunden aus nah und fern schätzen ihn dafür, auch unzählige Prämierungen bestätigen, dass es sich bei seinen Traminern um etwas ganz Besonderes handelt. Sie bergen ein überaus vielschichtiges Bouquet. Jung getrunken präsentieren sie sich mit frischen kräuterigen Aromen. Je reifer sie werden, desto mehr offenbaren sie ihre Fülle, Kraft und Eleganz.

Als wir Stefan besuchen, kommt er gerade von der Baustelle. Dennoch nimmt er sich gerne Zeit für uns. Bei der Arbeit im Weinkeller legt er viel Wert auf den Ausbau der Weine in großen, neutralen Holzfässern, erzählt er uns. »Der Wein braucht das vielleicht nicht unbedingt im ersten oder zweiten Jahr, aber mit zunehmender Reife.« Dafür, dass in Zukunft noch mehr Wein zur Exzellenz reifen kann, wird nun Platz geschaffen. Ab Juni 2019 können Gäste im neuen Anbau den herrlichen Ausblick beim Verkosten genießen.

Stefan Müller ist ein sogenannter Eruptionswinzer. Davon gibt es sechs im Vulkanland, die sich unter diesem Namen zusammengetan haben. Gemeinsam wird an der Vermarktung der Weine gearbeitet. Legendär sind die »Eruptionsfeste«, die jedes Jahr ein anderer Winzer dieser starken Gemeinschaft für Gäste aus Nah und Fern ausrichtet. So unterschiedlich die sechs Charaktere und ihre Stile auch sind, es eint sie die gemeinsame Passion für den Wein.

Traminer, trocken oder halbtrocken, wird in Klöch übrigens traditionell zum Backhendl getrunken.

www.weingut-müller.at
Klöch

Weitere Eruptionswinzer:

www.eruption.at

Weingut Hutter, Feldbach
www.hutter-wein.at

Weingut Krispel, Hof bei Straden
www.krispel.at

Weinhof Pfeifer, St. Anna am Aigen
www.weinhof-pfeifer.at

Weinhof Ulrich, St. Anna am Aigen
www.weinhof-ulrich.at

Weinhof Scharl, St. Anna am Aigen
www.weinhof-scharl.at
(siehe auch Seite 84)

WEINHOF JOSEF SCHARL

Er ist ein echtes Unikat, der Josef Scharl, das ist schon von Weitem zu erkennen. Das Kapperl zählt zu seinen Markenzeichen genauso wie die starken Charaktere seiner Weine, die er den Reben und dem Boden in St. Anna entlockt. Ein Typ mit viel Schwung und dennoch beständiger Bodenhaftung. Einer der sechs Eruptionswinzer (siehe Seite 83). Er keltert nicht nur herrliche Speisenbegleiter, die weit über die Landesgrenzen hinaus bekannt sind, sondern auch seine »Der Mann im Mond«-Weine, die im Rhythmus der Mondphasen von der Rebe bis zur Flaschenfüllung kultiviert werden.

Josefs Frau Andrea sorgt im Buschenschank für Genuss und Zufriedenheit bei den Gästen. Wenn auf der Terrasse die Abendsonne ins Glas scheint, weiß man, was Weinseligkeit wirklich bedeutet. Das komplette Sortiment des Weinhofs kann jeweils als halbes Achterl probiert werden. Sehr gut, das machen wir. Dazu eine Vulkanlandkreation, verschiedene Rohschinken und Kürbiskernkäse, auf dem Teller, und schon kommen Urlaubsgefühle auf. Danach bestellen wir noch eine Buchtel und einen Apfelstreuselkuchen.

Andrea lässt sich immer wieder neue köstliche Jausenkreationen einfallen und lockt damit eine große Schar an Fans an. Mit herzlicher Gastfreundschaft werden auch die weithin bekannten Feste der Familie Scharl gefeiert.

Im einladenden Ambiente des Weinshops können die »Charakterweine« ab Hof gekauft werden. Und wer mehr Zeit hat als wir, kann bei Josefs Eltern am Plesch übernachten. Spektakulärer Ausblick inklusive!

www.weinhof-scharl.at
St. Anna am Aigen

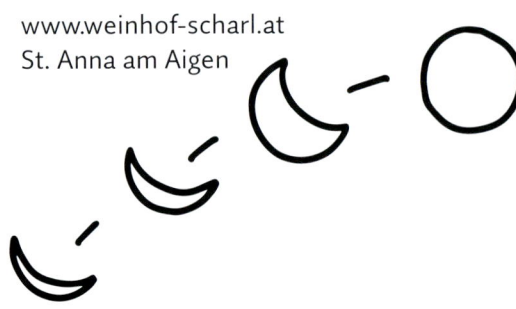

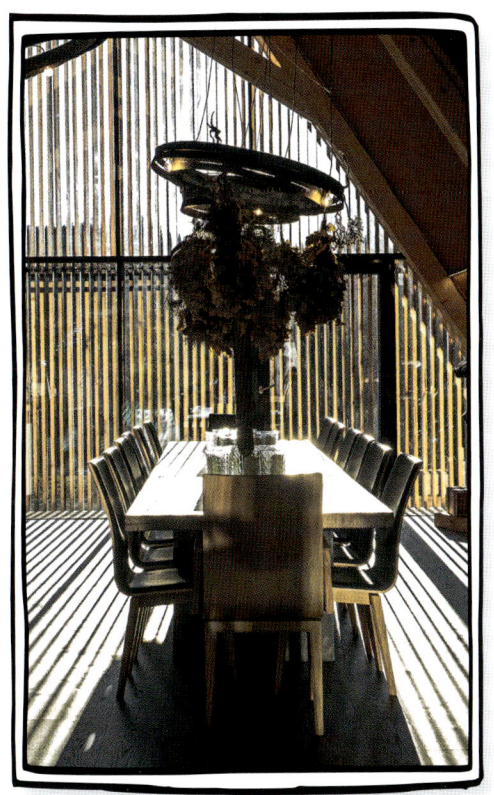

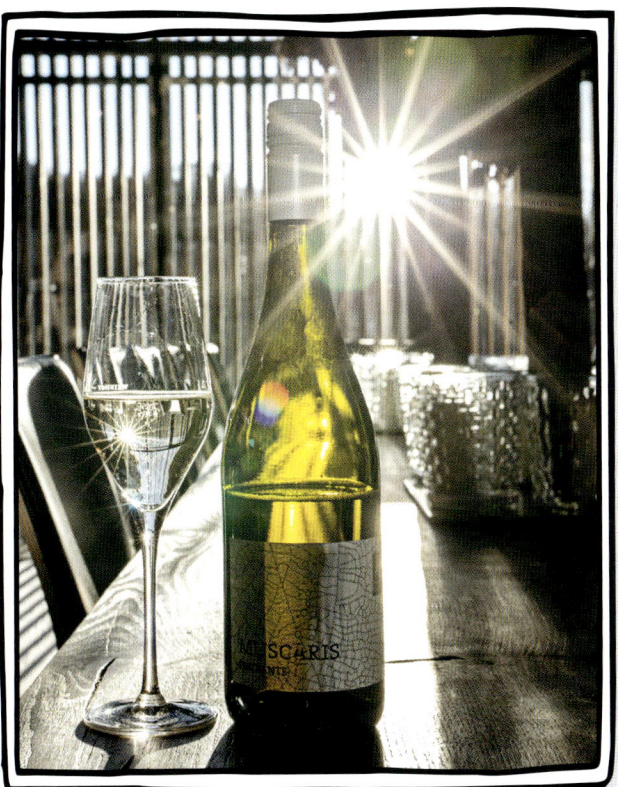

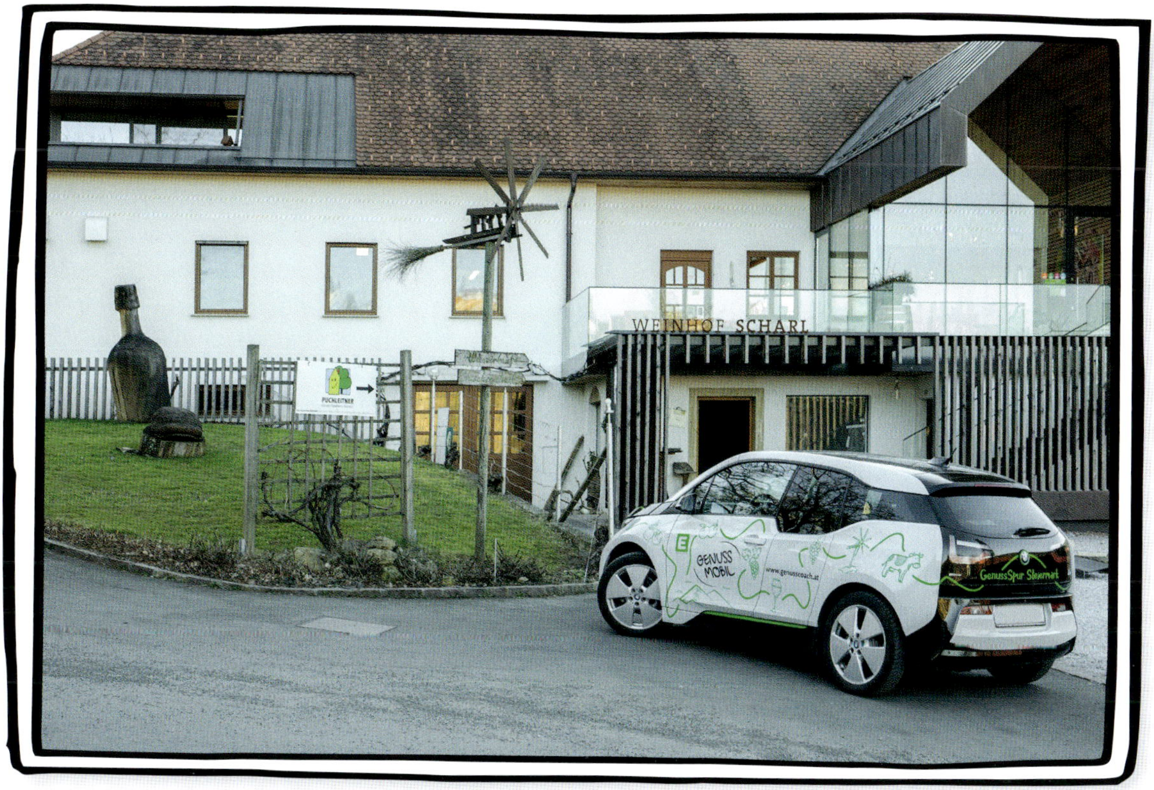
WEINHOF SCHARL
GENUSS MOBIL
www.genusscoach.at
GenussSpur Steiermark

RESTAURANT & KUNSTHOTEL MALERWINKL

Den Troißingers gelingt das tägliche Kunststück, als Zwei-Generationen-Team ein nicht nur dem Namen nach malerisches Restaurant und Kunsthotel in Fehring zu führen. Peter senior und Peter junior, beide Küchenmeister, stehen Herd an Herd, um für ihre Gäste überraschende, romantische oder feierliche Menüfolgen und Gerichte zu kochen. Anna und ihre Mutter bringen ihre Küchenbotschaften mit Charme und Know-how an den Gast. Die Vinothek hat Anna eingerichtet, die zum Verkosten und Plaudern einlädt und gleichzeitig die Weinkarte zur Schau stellt. Dazu glänzt sie mit ihrem Fachwissen.

Die junge Generation hat das Zepter im Familienbetrieb bereits voll in der Hand und streut sich gegenseitig Blumen. Anna schätzt Peter für »die Ehrlichkeit seiner Küche«. Umgekehrt weiß Peter um die Bedeutung von Anna als »die gute Seele« des Hauses. Aber auch von der vorangegangen Generation profitieren die jungen Troißingers. So sind sie sich zum Beispiel einig, dass Papas Calamari niemals auf der Speisekarte fehlen dürfen.

Gekocht wird mit Zutaten aus dem eigenen Garten, aus den Gärten der Verwandtschaft und mit Produkten von Lebensmittelhandwerkern aus der Region. Peter sprüht vor Ideen. Auf eine vegane »Fette Henne« muss man erst einmal kommen. Die dicken, saftigen Blätter des Bodengewächses aus der Familie der Sedum-Staudengewächse schneidet er in feine Streifen und mariniert sie mit Bio-Zitronensaft und Rapsöl.

Erst kürzlich hat er Österreichs erste fermentierte Würzsoße aus Süßlupinen auf den Markt gebracht. Dafür werden Süßlupinen aus dem Vulkanland mit Weizenmalz fermentiert. Nach sechs Monaten wird gepresst und in kleine Holzfässer zur weiteren Reifung abgefüllt. Das Ergebnis ist eine subtile Würze mit vollem Geschmack, die steirische Alternative zu Sojasoße. Für seine Kreation konnte Peter schon den Innovationspreis des Vulkanlandes einheimsen. Aber damit gibt er sich längst nicht zufrieden und tüftelt weiter. Ganz neu ist eine fruchtige Variante, seine Paradeiser-Würzsoße. Beiden Produkte verwenden wir sehr gerne in unseren Rezepten. Den Innovationsgeist und die Kreativität hat Peter übrigens von seinem Papa geerbt, ist er überzeugt.

Wir verabschieden uns vom Dream-Team aus Peter, dem Erfinder, und Anna, der Umsetzerin. Sehr gerne kommen wir wieder.

www.malerwinkl.com
Fehring

WEINGUT WINKLER-HERMADEN AUF SCHLOSS KAPFENSTEIN

Wir sitzen auf der Terrasse des Schlosses Kapfenstein, einer einstigen Festung, die auf einem erloschenen Vulkankegel thront, und lassen den Blick in die Ferne über das steirische Weinland schweifen. In der Steiermark sagt man dazu »ins Narrenkastl schauen«. Auch wenn sich die Aussicht und die Ruhe nach Urlaub anfühlen, sind wir nicht aus reinem Privatvergnügen hier. Sabine ist auf der Suche nach den passenden Weinen für eine Trüffel-Veranstaltung und ist im Archiv des Kapfensteiner Weinguts genau an der richtigen Adresse. Familie Winkler-Hermaden führt es seit Jahrzehnten ebenso kompetent und charmant wie das Hotel sowie das Restaurant des Schlosses und sorgt für wahre Hochgenüsse.

40 Hektar Weingärten, die sich rund um den Kogel und im wenige Kilometer entfernten Klöch befinden, werden nach biologischen Richtlinien in der dritten Generation bewirtschaftet. Neben Sauvignon Blanc, Traminer und Gewürztraminer spielen weiße und rote Burgundersorten eine wichtige Rolle. Das Aushängeschild des Weinguts ist allerdings der Olivin aus der Rebsorte Blauer Zweigelt 18 Monate reift der Rotwein in Fässern, die aus dem Holz der eigenen Wälder gefertigt sind. Nach dem Abfüllen in Flaschen reift er noch weiter, was höchst subtile Aromen hervorbringt.

Christof Winkler-Hermaden hat schon ein Sortiment an gereiften Weinen vorbereitet, als wir ankommen. Wir kosten und besprechen die einzelnen Komponenten, die es zu vereinen gilt. Für die ersten beiden Menügänge wählt Sabine zwei Weißweine aus. Sauvignon Blanc der Riede Hochwarth und Morillon der Riede Rosenleiten werden zwei überaus harmonische Speisenbegleiter abgeben. Der Sauvignon wird wunderbar zur kalten Vorspeise passen, einer getrüffelten steirischen Fischvariation, der Morillon zum cremigen Sterzgericht mit Trüffelfrischkäse des folgenden Menügangs. Der Olivin wird den Hauptgang mit

steirischen Trüffeln ebenso perfekt begleiten wie den Bergkäse aus dem Arzberger
Silberstollen. Zufrieden verabschieden
wir uns, um der »GenussSpur« Steiermark
weiterzufolgen.

www.winkler-hermaden.at
Kapfenstein

Man sollte ja nie nach dem äußeren Erscheinungsbild urteilen, sondern stets nach den inneren, wahren Werten. Gerade beim Wein gilt das besonders. Die Etiketten von Josef Totters Weinen beeindrucken uns aber bereits, bevor wir diese in seinem schmucken Weinkeller in Jagerberg verkosten. Sein italienischer Künstlerfreund Luca Carfagna hat die kleinen Kunstwerke für ihn gestaltet.

Überhaupt hat Josef viel von seinem langjährigen Aufenthalt in der Toskana mitgebracht, erzählt er uns. Vor allem die Bereitschaft, den Weinbau anders zu denken und neue Wege zu gehen. Und so tauschte er die Reben in seinem Weingarten kurzerhand aus und pflanzte nur jene an, mit denen er sich eine gemeinsame Zukunft vorstellen konnte. Seine Wahl fiel auf zwei »PIWIS«, also pilzwiderstandsfähige Rebsorten, die mit wenigen Behandlungen auskommen, nämlich Souvignier Gris und Muscaris.

Biodynamische Bewirtschaftung ist bei Josef Programm. Die Arbeit im Weingarten erfolgt behutsam im lebendigen Kreislauf der Natur. Die Reben werden mit natürlichen Präparaten behandelt, Pflanzen und Tiere im Weingarten miteinbezogen, alles für ein intaktes Bodenleben getan. Auch die luftige Höhe auf 400 Metern über dem Meeresspiegel tut den Reben gut. Im Keller beschränkt sich Josef auf das Wesentliche. Gepresst wird mit einer Korbpresse. Außer einer kleinen Füllanlage gibt es hier keine elektrischen Maschinen. Holzfass reiht sich an Holzfass. Darin reifen die Weine und ruhen bis zur Abfüllung auf der Vollhefe. 100 Prozent sorgfältige Handarbeit und viel Gespür bringen enorm viel Geschmack in den Weinen hervor. Weine, die berühren und wie die Etiketten eine Geschichte erzählen.

Zum Weinverkosten stellt uns Josef »Weißen Jagerberger« auf den Tisch. Weißer Speck vom Turopolje-Schwein, einer alten, gefährdeten Nutztierrasse, die in Jagerberg in nachhaltiger Bewirtschaftung gezüchtet wird. Das Futter (Gerste) wird biologisch angebaut, geschlachtet wird möglichst stressfrei, unmittelbar bei der Weide. Zwei leidenschaftliche Fleischer vor Ort verarbeiten und veredeln das Fleisch zu köstlichen Produkten. Zusammen mit Josef und fünf weiteren regionalen Bauern haben sie sich zur Bio-Qualitäts- und Wertegemeinschaft »Die Jagerberger« (www.jagerberger.at) zusammengeschlossen, um Gaumenfreuden im Kreislauf der Natur zu erzeugen. Wir finden das sauguat!

00 43 / 660 / 21 97 950
Jagerberg

Heute besuchen wir Herrn Fröhlich, einen echten steirischen Reispionier in Halbenrain. Seine Reisgeschichte beginnt 2011. Ganze fünf Jahre tüftelte er, unternahm etliche Reisen und noch mehr Feldversuche, bis schließlich eine geeignete Mittelkornsorte für den Anbau gefunden war. 2016 war es dann soweit, der erste Reis in der Steiermark konnte geerntet werden. Mittlerweile bauen einige Bauern in der Region um Klöch Reis an. Anders als in der Po-Ebene, wo diese Reissorte auch gedeiht, wächst der Mittelkornreis hierzulande als Trockenreis. Das heißt, die Felder werden nicht geflutet. Im April wird ausgesät, Ende September, Anfang Oktober geerntet. Anschließend wird der Reis geschält, gereinigt und poliert. Es gibt ihn auch als Naturreis, der nur »entspelzt«, also von den harten hölzernen, kieselsäurehaltigen Spelzen befreit wird. Anschließend wird er gereinigt, aber nicht geschält. »2018 war ein gutes Jahr für den Reis«, erzählt uns Herr Fröhlich. In diesem Jahr wurden stattliche 50 Tonnen produziert.

Steirischer Reis findet sich in den Küchen regionaler Gastronomiebetriebe und in der gehobenen Gastronomie bis nach Wien. Im gut sortierten Lebensmittelhandel gibt es ihn zu kaufen. Auch als Grieß, Mehl und in Form von Nudeln ist Steirerreis erhältlich.

Wir haben polierten Steirerreis für unser Risotto mit Brennnesseln und Bärlauch verwendet und es ist fantastisch gelungen. Genau wie die Palatschinken, die wir für unsere überbackene Topfenpalatschinke mit Steirerreismehl und ein wenig Traubenkernmehl zubereitet haben. Der Teig wird etwas flüssiger als mit Weizenmehl und man sollte ihn länger quellen lassen. Ansonsten verhält er sich gleich.

Faszinierend, wie viele innovative Produzenten wir auf der »GenussSpur« Steiermark kennenlernen durften. Am Beispiel Steirerreis zeigt sich einmal mehr, wie viele Transportwege eingespart werden, wenn wir nur bewusst regional einkaufen.

www.steirerreis.at
Halbenrain

OBSTHOF GLANZ-PÖLTL

Heute dreht sich bei uns alles um den Apfel. Im Vulkanland besuchen wir den Obsthof von Familie Glanz-Pöltl in Fehring. Von Apfelsaft über den kultigen Cider bis zum Qualitätsmost reicht die große Palette an veredelten Apfelprodukten.

Liebhaber in ganz Österreich und in aller Welt lassen sich den köstlichen Most überall hinschicken. Eine der größten Fangemeinden des veredelten Maschanskers, einer alten steirischen Apfelsorte, befindet sich in Madrid, erzählt uns Michael Pöltl beim Sonntagsbrunch in der Mostschenke. Brunchen im Kaffeehaus war gestern. Heute genießen wir die liebevoll zubereiteten Speisen im Apfelbetrieb. Zum Glück haben wir unseren Besuch angekündigt, denn ohne Reservierung ist es nahezu unmöglich, einen Platz zu bekommen.

Wir starten mit »Red Love«, einem Frizzante aus der gleichnamigen (ursprünglich in der Schweiz gezüchteten) rotfleischigen Apfelsorte, die seit einigen Jahren in der Steiermark angebaut und zu einem prickelnden Most mit viel Geschmack und unverkennbarer rosa Farbe verarbeitet wird. Auch die »Alte Selektion Steirermost« schmeckt uns wunderbar zu Brüstl mit Kren und Miniburgern nach Art des Hauses. Die süßen Apfelschlangln nach Omas Rezept müssen wir auch noch unbedingt kosten, ebenso den »Hauxapfel«, von dem nur rund 1.000 Flaschen abgefüllt werden, weil die Äpfel von einem einzigen Baum stammen.

Most ist eben nicht gleich Most. Schon gar nicht, wenn er aus einer »Steirermost«-Flasche ausgeschenkt wird. Die Marke wurde 2006 von einer innovativen Vereinigung von Mostproduzenten initiiert. Da ist der Obsthof Glanz-Pöltl ebenso dabei wie acht weitere Qualitätsmostbetriebe, die über die gesamte Steiermark verteilt die Kunde vom coolen Most verbreiten.

www.dermost.at
Fehring
www.steirermost.at

BERGHOFER MÜHLE

Es klappert die Mühle am rauschenden Bach ... In diesem Fall an der malerischen Raab, wo die im 12. Jahrhundert erstmals urkundlich erwähnte Mühle liegt. Bereits in der sechsten Generation verarbeitet Familie Berghofer hier in Fehring hochwertigen Weizen, Roggen und Dinkel, teilweise aus eigenem umweltbewusstem Anbau. Auch Kürbiskernöl wird hergestellt. Alles ganz schonend, versteht sich. Bei Berghofer setzt man auf altbewährte Arbeitsmethoden und kombiniert sie mit moderner Technik.

Die wertvollen Produkte werden dann im schmucken Mühlenladen zum Verkauf angeboten. Dort schlagen wir zu, nehmen Vollkorn-Dinkel- und Heidenmehl für unsere »GenussSpur«-Küche mit. Leider müssen wir schon wieder weiter, sonst hätten wir uns gerne noch die Getreidemühle, die Ölmühle und das Kleinwasserkraftwerk angeschaut. Erlebnistouren werden hier das ganze Jahr über nach Terminvereinbarung angeboten.

www.berghofer-muehle.at
Fehring

GARTEN CAFÉ VOM HÜGEL

Eine unglaubliche Farbenpracht empfängt uns, als wir im »Garten Café« von Margrit De Colle in Erbersdorf ankommen. »Blumen sind Lebensmittel«, sagt sie. »Nicht unbedingt als Nahrung, doch für's Herz.«

Zum opulenten Frühstück genießen wir sie dann doch auch als Lebensmittel. Essbare Dahlien zu Beispiel. »Man kann sogar die Knolle essen«, klärt uns Margrit auf. Am Frühstücksbrett finden sich Dahlien- und Mangoldchips, vegetarische Aufstriche und Gemüseraritäten, Birnenmousse und Traubenmarmelade. Eine bunte, zauberhafte Vielfalt, die Energie spendet. »From farm to table« wird hier gelebt. Alle Speisen stammen direkt von lokalen Erzeugern, das meiste aus dem eigenen Garten, auch wenn das manchmal Geduld erfordert. »Jede Blüte braucht die richtige Reife«, weiß Margrit, »erst dann umarmt sie dich«.

Das »Garten Café« ist vor einigen Jahren aus einer spontanen Idee heraus entstanden und erfreut sich mittlerweile großer Beliebtheit. Eine blühende Oase, die inspiriert, in der man die Jahreszeiten erleben kann. Ein Ort der Kreativität und Kommunikation. Man kommt und will bleiben. Genauso wünscht es sich Margrit.

Wer noch mehr möchte, kann sich hier in puncto Wachsen, Ernten, Essen, Dekorieren und Konservieren von Pflanzen weiterbilden. Für jeden Wissensstand und jedes Blumenthema wird ein passender Workshop angeboten. Man kann auch einfach nur über die Blumenfelder und durch die Gartenhäuser streifen und sich dem Farbenrausch hingeben, Kraft tanken, wundervolle Sträuße im Blumenladen kaufen oder Salatpflanzen, Kräuter und Gemüseraritäten von Walter Scharler für zu Hause mitnehmen. Wir kommen auf alle Fälle wieder.

www.vomhuegel.at
Erbersdorf/Eichkögl

ZOTTER SCHOKOLADEN-MANUFAKTUR UND ESSBARER TIERGARTEN

Josef Zotter kennt man. Die außergewöhnlichen Sorten aus seiner Schokoladenmanufaktur in Riegersburg sind rund um den Globus zu finden. Nach Florida wurde erst kürzlich expandiert. In Shanghai gibt es ein Zotter »Schoko-Laden-Theater«, in dem wie im Stammsitz Schokolade erlebt und genossen werden kann. Tochter Julia leitete den Sitz in Fernost, bis sie in die Heimat zurückkehrte, um künftig die Trends fürs Unternehmen zu schmieden. »CraftAkt« nennt sich der neueste Streich: Schokoladen, gewalzt aus seltenen Kakaobohnen, in kleinen Mengen hergestellt und nach Rezepten, die immer wieder anders sind. Keine wird ein zweites Mal genauso hergestellt. Keine schmeckt wie die andere. Hoch lebe die Experimentierfreude!

Die Schokolade lassen wir heute lieber beiseite (erste »GenussSpuren« machen sich bei uns breit). Stattdessen erkunden wir den »Essbaren Tiergarten« gleich neben der Schokoladenmanufaktur. Unter den Tieren,

die auf dem weitläufigen Gelände artgerecht gehalten werden, finden sich alle Arten, die üblicherweise auf den Teller kommen. Im angeschlossenen Restaurant »Öko-Essbar« werden sie in der offenen Schauküche mit hoher Qualität zubereitet.

Die Tiere im Streichelzoo werden freilich nicht gegessen. Auch nicht die Bienen, Alpakas und Bennett-Wallabys. Der »Essbare Tiergarten« will einen realistischen Blick vermitteln, ohne belehrend oder bedrückend zu sein. Regionaler und natürlicher geht Fleischkonsum nicht, der dementsprechend maßvoll sein sollte.

Nach einem fantastischen 100-Prozent-Bio-Mittagessen besuchen wir den Ideenfriedhof des kreativen Chocolatiers. Für jede Sorte, die floppte oder deren Produktion aus anderen Gründen eingestellt wurde, findet sich hier ein Grabstein. So manche »Leiche« soll von Schokoladenliebhabern so stark betrauert worden sein, dass sie exhumiert und ihr wieder neues Leben eingehaucht wurde. Egal, was Josef Zotter anpackt, es ist einfach genial.

www.zotter.at
Riegersburg

KRIMI: MARTINI

Jedes Jahr dasselbe Gemetzel. Blut und Federn. Fleisch und Fett. Und danach diese Albträume, die ihn nächtelang quälten. Hannes seufzte. Ihm war jetzt schon ganz übel.

Wie hübsch ihr weißes Gefieder im Sonnenlicht schimmerte! Nichts Böses ahnend schnatterte das Federvieh durcheinander, watschelte lebenslustig über die Weide. Einige Gänse dösten friedlich vor sich hin. Und waren doch dem Tod geweiht. Die armen Tiere!

Als Hannes den Bauer über den Hof stapfen sah, streifte er seine Arbeitshandschuhe über und griff zum Messer.

»Auf geht's, Hannes!«, kommandierte der Bauer.

Die lange dünne Klinge blitzte auf.

Hannes wusste ganz genau, was zu tun war. Sein Messer traf den Bauern an der Halsschlagader.

Der fasste sich ungläubig an die Kehle, ging röchelnd zu Boden.

Die Gänse schnatterten noch lauter als zuvor, stoben flatternd auseinander, einige von ihnen rot gesprenkelt.

Der Bauer zuckte noch ein paar Mal am Boden. Dann kehrte Frieden ein.

99

KÄFERBOHNEN-AUFSTRICH

Zur Brettljause oder zum Aperitif

Zutaten für ca. 20 Portionen:

500 g	gekochte Käferbohnen
4 – 5	halbgetrocknete eingelegte Paradeiser
3	kleine Erdäpfel
2	Jungzwiebeln oder Lauch
2 EL	gerissener Kren
1 TL	Krensenf (zum Beispiel von Pölzer)
	Schwarzer Pfeffer, Bergkernsalz
1 Prise	Bergbohnenkraut nach Geschmack

Die Erdäpfel in der Schale kochen, schälen und klein schneiden. Die Paradeiser klein hacken. Die Jungzwiebeln halbieren und in Scheiben schneiden.

Ein paar Käferbohnen zum Dekorieren beiseite legen. Die restlichen Käferbohnen mit den weiteren Zutaten gut vermischen und mit dem Stabmixer pürieren. Je länger püriert wird, desto feiner wird die Masse. Mit dem Salz, dem Bohnenkraut und dem Pfeffer abschmecken.

Als »Crostini«-Aufstrich auf getoastetes Brot streichen und mit den zuvor beiseite gelegten halbierten Käferbohnen garnieren.

VULKANLAND-SCHWEINSBRATEN MIT SCHLIPFKRAPFEN

Aus dem Standardrepertoire der steirischen Küche

In nahezu jedem Haushalt, in jedem Gasthaus in der Steiermark wird er serviert. Der Schweinsbraten. Besonders köstlich ist er, wenn er im Tischherd gebraten wird. Je nach Jahreszeit und Gusto kommt er mit verschiedenen Beilagen auf den Tisch, am häufigsten mit Sauerkraut und Knödeln, in der östlichen Steiermark auch mit Bratäpfeln und Schlipfkrapfen.

Zutaten für 4 Personen:

Schweinsbraten:
- 1,5 kg Schopf vom Freilandschwein (zum Beispiel vom Pur Naturhof in Eggersdorf)
- 2 weiße Zwiebeln
- 400 g Wurzelgemüse, in grobe Stücke zerteilt
- ca. 250 ml Most zum Aufgießen
- ca. 250 ml Gemüsefond
- 2 – 3 EL Butterschmalz oder Öl
- Salz, Pfeffer
- Kümmel nach Belieben

Bratäpfel mit Dörrzwetschken:
- 3 – 4 säuerliche Äpfel
- 6 – 8 Dörrzwetschken
- 2 EL Honig
- etwas Butter oder Öl

Schlipfkrapfen:
- 2 – 4 Stück pro Person, tiefgekühlt (zum Beispiel von »Monis« in Gratkorn)
- Butter zum Schwenken
- Frische Kräuter nach Belieben (Petersilie, Schnittlauch etc.)

Schweinsbraten:
Den Schopfbraten mit Salz, Pfeffer und Kümmel würzen und in einem Bräter mit dem Wurzelgemüse und den Zwiebeln im vorgeheizten Backrohr bei 150 °C Ober-/Unterhitze für ca. 1 Stunde braten. Mit Most und Gemüsefond übergießen. Während der Bratzeit mehrmals wenden und dabei immer wieder mit dem Bratensaft übergießen.

Kurz vor dem Fertigwerden bei starker Oberhitze eine knusprigbraune Kruste entstehen lassen. Die Kerntemperatur des Bratens soll bei ca. 75 °C liegen.

Bratäpfel mit Dörrzwetschken:
Die Äpfel halbieren, das Kerngehäuse entfernen und die Äpfel in Spalten schneiden.

Die Dörrzwetschken kleinschneiden.

In einer vorgeheizten Pfanne die Butter zerfließen lassen, die Äpfel und die Dörrzwetschken dazugeben und mit dem Honig verfeinern, ca. 30 Minuten schmoren lassen, wobei die Äpfel nicht zerfallen sollen.

Schlipfkrapfen:
Die Schlipfkrapfen laut Anweisung auf der Packung in einem großen Topf in wallendem Wasser kochen. Mit einem Schöpflöffel herausheben, auf Küchenpapier kurz abtrocknen lassen.

In einer Pfanne die Butter schmelzen, die Schlipfkrapfen darin bräunen und mit gehackten Kräutern anrichten.

Das Fleisch in Scheiben schneiden, am Teller anrichten und mit Bratensaft übergießen, einen Schöpfer vom Apfel-Dörrpflaumen-Koch dazugeben.

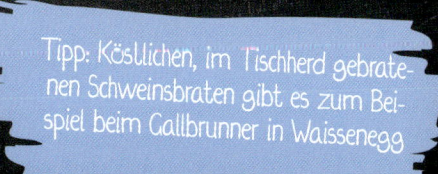

Tipp: Köstlichen, im Tischherd gebratenen Schweinsbraten gibt es zum Beispiel beim Gallbrunner in Waissenegg

OBERES MURTAL

#MILCH
#VONWEGENBLÖDEKUH
#KÄSE
#MURTALERSTEIRERKÄS
#DIEKUHMACHTMUH
#HOLZWELT
#WALDLAND
#ZIRBENHOLZ
#HOCHWILD
#HOLAREDULJÖ
#SCHNEESCHUHWANDERN
#RADELN
#SNOWBOARDEN
#BIERWELT
#UNDMIRBITTENOABIER
#REDBULLRING
#MURRADWEG
#JOMIRSANMIMRADLDO

Schloss Farrach ist im Aichfeld weithin sichtbar. Besonders an einem sonnigen Tag wie diesem. Erbaut im toskanischen Stil empfängt uns die außergewöhnliche Schönheit in winterlichem Gewand. Die Geschichte, die Schlösser so besonders macht, ist hier geradezu spürbar. Eine geheimnisvolle Aura umgibt das liebevoll und aufwendig renovierte Gebäude, das sich im Privatbesitz der Familie Stöhr befindet. Wer weiß? Vielleicht steckt ja auch noch ein Fünkchen Energie von Napoleon hinter den dicken Schlossmauern. Im Jahr 1797 hat er nämlich im Schloss genächtigt.

Wir sind jedenfalls höchst gespannt auf das bevorstehende Menü, immerhin zählen die Kochkünste der Stöhrs zu den anerkanntesten des Landes. Und das äußerst beständig. Seit 2005 wird die Küche ununterbrochen mit zwei Hauben ausgezeichnet.

Appetit haben wir ausreichend mitgebracht. Schneeschuhwandern macht nicht nur viel Spaß, sondern verbrennt auch ordentlich Kalorien. Also begeben wir uns zu Tisch. Automatisch benimmt man sich förmli-

cher in diesem feinen Ambiente. Muss man aber gar nicht. Hier geht es nämlich weder steif noch streng zu. Im Gegenteil. Wir fühlen uns sehr willkommen. Die Stöhrs sind charmante und feinsinnige Gastgeber.

Schweres Leinen am Tisch unterstreicht die Eleganz der Räume. Das Gedeck wird eingestellt, während wir unseren Aperitif genießen. Farbenfrohe Butter- und Aufstrichvarianten, Karamell- und Rucolabutter sowie Liptauer und Mangalitza-Speck stimmen uns ein. Wir haben uns für das Zirbenland–Menü samt passender Getränkebegleitung entschieden, einmal alkoholfrei, einmal mit Promille.

Jeder Teller ist Augen- und Gaumenschmaus zugleich. Wir genießen mit allen Sinnen, schwärmen und schlemmen. Das Gemüse kommt in Bioqualität, vorzugsweise aus dem eigenen Schlossgarten.

Seltenes Saatgut der »Arche Noah« in Schiltern (in Oberösterreich) wird hier gepflanzt. Das Wildfleisch liefert Coloman Strohmaier aus Neumarkt, die Fische Mentz aus Sankt Peter ob Judenburg. Auch das Walnussöl stellt eine Bäuerin aus der Umgebung her. Slow Food durch und durch.

Nach einem wunderbaren Menü gesellt sich der Küchenchef und Schlossherr Alexander Stöhr zu uns. Es folgt ein Gespräch über den differenzierten Umgang mit Lebensmitteln. Ein brandaktuelles Thema. Dann erzählt uns Autodidakt Alexander, wie er in den Küchen namhafter Sternenköche, darunter Hans Haas und Dieter Müller, Erfahrungen sammeln durfte. Eine Zeit, aus der er nach wie vor seine Inspiration schöpft. Beeindruckend ist der Weg, den er gegangen ist. Dass Kochen für ihn eine sinnliche Herzensangelegenheit ist, hat er uns eindrucksvoll bewiesen.

www.schlossfarrach.at
Zeltweg

> Tipp: Sehenswert sind die Schlossräumlichkeiten mit Kapelle und Rittersaal. Hier lässt es sich nicht nur ganz besonders fein feiern, es finden auch regelmäßig Kunsthandwerksausstellungen statt.

KAROTTENTATAR MIT EINGELEGTEM GEMÜSE

G'schmackiges aus Garten und Feld

Tatar:

200 g	geschälte Karotten
100 g	geröstete und geriebene Haselnüsse
50 g	gerösteter schwarzer Sesam
1 TL	scharfer Senf
20 g	Tofu
100 ml	Nussöl
60 ml	weißer Balsamessig
	Salz, Pfeffer
	frischer Ingwer nach Belieben

Eingelegtes Gemüse:

100 g	rohe Kürbiswürfel
100 g	vorgekochte gelbe Rüben
100 g	rohe rote Karotten
	rote Zwiebel nach individueller Vorliebe

Einlege-Marinade nach Belieben und Geschmack dosieren:

ca. 250 ml	weißer Balsamessig
	Pfefferkörner
	Senfkörner
	Nelken
	Sternanis
	Fenchelsamen
	Wacholderkörner
	Zucker
	Salz

Garnierung nach Belieben:
violetter Rettich der Sorte
»blue meat«
junge Kräuter
(Kerbel oder Krauspetersilie)
rote Rübensprossen

Tatar:
Die geschälten Karotten im Ganzen in kochendem Salzwasser eine Minute blanchieren und danach kalt abschrecken, anschließend mit einer Küchenreibe sehr fein in eine Schüssel reiben.

Aus dem Tofu, dem Senf, den geriebenen Haselnüssen, dem Öl und dem Balsamessig eine sämige »Mayonnaise« herstellen und davon 2 – 3 EL zu den Karotten geben.

Den Sesam dazugeben, durchrühren, mit Salz und Pfeffer abschmecken und kalt stellen.

Einlege-Marinade:
Alle Zutaten nach eigener Vorliebe in einem Topf mischen und einmal kurz aufkochen lassen. Die Einlege-Marinade sollte intensiv (fast überwürzt) sein, da das Gemüse (siehe unten) ungewürzt ist.

Eingelegtes Gemüse:
Die Gemüsesorten in passende Größe schneiden und in verschließbare Gläser schichten.

Mit der kochenden Marinade übergießen und mindestens 24 Stunden durchziehen lassen.

Das Tatar auf einem Teller in einem Ring anrichten und andrücken, dann den Ring abziehen. Das eingelegte Gemüse formschön anrichten und mit frischen Kräutern und Sprossen garnieren.

MARINIERTER KALBSKOPF MIT PILZEN, TOMATENVINAIGRETTE & BALSAMESSIG

Traditionelles verfeinert

Zutaten für 4 Personen

Kalbskopf:
- 400 g ausgelöster Kalbskopf (oder nur Kalbsbackerl)
- Wurzelgemüse nach Belieben
- Pfefferkörner
- Wacholder, Lorbeer
- Salz, Pfeffer
- 250 ml Madeira
- 10 Blatt Gelatine
- 2 EL weißer Balsamessig (ideal von Gölles aus Riegersburg)

Tomatenvinaigrette:
- 5 geschälte Tomaten
- 1 Schalotte
- Schnittlauch
- Petersilie
- 4 EL weißer Balsamessig
- 125 ml Traubenkernöl
- Salz, Pfeffer

Pilze:
- 150 g Shiitakepilze
- Salz, Pfeffer
- 2 EL Olivenöl

Für die Garnierung:
- 2 EL alter Balsamessig
- etwas Vogerlsalat

Kalbskopf:

Bereits am Vortag den Kalbskopf gut wässern. Dazu das Wurzelgemüse, Wacholder und Lorbeer mit Wasser aufkochen und den Kalbskopf in den kochenden Suppenansatz einlegen. Unter mehrfachem Abschäumen den Kalbskopf weich kochen und im Fond auskühlen lassen.

Tags darauf den Kalbskopf aus dem Sud nehmen und in walnussgroße Stücke zerteilen.

Den Fond mit dem Madeira mischen und auf rund 500 ml reduzieren. Anschließend mit Salz, Pfeffer und einem Schuss altem Balsamessig abschmecken.

Die Gelatine in kaltem Wasser 3 Minuten aufweichen und zum warmen Fond geben. Eine passende Terrinenform mit Klarsichtfolie auslegen und den Kalbskopf hineinschlichten. Mit dem Fond übergießen und zum Abkühlen in den Kühlschrank stellen.

Nach 2 – 3 Stunden den Kalbskopf aus der Kühlung nehmen und aus der Terrine stürzen. In feine Scheiben schneiden und am Teller anrichten.

Tomatenvinaigrette:

Die Tomaten vom Kerngehäuse befreien und das Fruchtfleisch würfelig schneiden. Dieses in einer Schüssel mit den fein geschnittenen Kräutern und der fein geschnittenen Schalotte, sowie dem Essig und dem Öl vermengen. Mit Salz und Pfeffer abschmecken und auf die Kalbskopfscheiben verteilen.

Pilze:

Die Stiele der Shiitakepilze entfernen und die Kappen vierteln. In einer heißen Pfanne im Olivenöl 2 Minuten braten und mit Salz und Pfeffer abschmecken. Ebenfalls auf den Kalbskopfscheiben verteilen.

Die Kalbskopfscheiben mit Balsamessig und Vogerlsalat vollenden.

HOTEL UND GASTHOF SCHALLERWIRT

Eine arbeitsreiche Woche liegt hinter uns. Umso mehr freuen wir uns auf unseren Ausflug in die Krakau. Auf der Hochebene bei Murau wollen wir frische Höhenluft atmen und neue Energie tanken. Und natürlich Schwammerln und Pilze brocken, die dort massenhaft aus dem Waldboden schießen.

Beim Schallerwirt kann man sie selbst putzen und abends vom Gastgeber und Chefkoch Joseph Schnedlitz zubereiten lassen. Überhaupt stammt hier fast alles, was täglich frisch gekocht auf den Tisch kommt, aus der Umgebung, vieles aus den nahen Wäldern: Pilze, Forellen, Lamm, Rind und Wild. Vom Junghirsch haben Joseph und sein Team eine ganze Palette von Gerichten auf der Speisekarte.

Nach dem Essen wird oft spontan in der Gaststube musiziert. Joseph, ein leidenschaftlicher Musiker, hat sein Haus zum lebendigen Zentrum echter Volksmusik gemacht. Wir singen und jodeln gut gelaunt mit. Übernachten werden wir in einem der gemütlichen Lärchenholz-Gästezimmer mit optimalem Raumklima. Morgen wartet der neue Wellness-Bereich mit Finnensauna, Dampfkabine, Massage, Moorbädern und Überwasser-Massage auf uns.

»Gute Nacht, Sabine!«.
»Gute Nacht, Claudia!«.

www.schallerwirt.at
Krakauebene

ERDÄPFEL-SCHWAMMERL-SUPPE MIT HEIDENSTERZ

Am allerliebsten das ganze Jahr über

Zutaten für 4 Personen:

Erdäpfel-Schwammerl-Suppe:

250 g	Eierschwammerln (alternativ andere Pilze)
200 g	rohe, geschälte, klein gewürfelte mehlige Erdäpfel
2	fein geschnittene kleine Zwiebeln
1,5 l	Gemüsefond
1 TL	gerösteter und zerstoßener Kümmel
	frischer Majoran
2	Lorbeerblätter
	Salz, Pfeffer
1 EL	Butterschmalz zum Anbraten (alternativ Öl)

Heidensterz:

1 l	Wasser
2 TL	Salz
1 EL	Butterschmalz
300 g	Heidenmehl (Buchweizen)
	Grammeln oder Speckwürfel als Topping

Heidensterz:

Das Wasser salzen und mit dem Schmalz in einem eher schmalen Topf aufkochen. Das Wasser durch Rühren mit dem Kochlöffel zum Kreisen bringen.

Das Heidenmehl in einem Schwung einrühren, dann mit dem Kochlöffel im Topf etwas formen, sodass ein großer Klumpen entsteht. Diesen vorsichtig mit etwas Kochwasser übergießen und bei kleiner Hitze zugedeckt ca. 20 Minuten leicht köcheln.

Das Kochwasser mithilfe eines Deckels abgießen und auffangen. Den eher trockenen Sterzklumpen zerteilen (am besten funktioniert das mit zwei Gabeln).

Das Kochwasser in kleinen Mengen nach und nach zugießen und die mehlige Masse mit der Gabel auflockern, sodass gleichmäßige Klümpchen entstehen.

Vor dem Servieren die Suppe nochmals abschmecken. Heidensterz als Beilage auf einem Extrateller servieren. Traditionelle Toppings sind Grammeln oder gebratene Speckwürfel.

Erdäpfel-Schwammerl-Suppe:

Die Eierschwammerl gut putzen und mit den Fingern teilen. (falls andere Pilze verwendet werden, diese nach dem Putzen blättrig schneiden.)

Das Schmalz erhitzen, die geschnittenen Zwiebeln zugeben und kurz rösten. Hitze reduzieren und kurz durchrühren, mit Gemüsefond aufgießen und mit den Gewürzen abschmecken. Die Erdäpfel zugeben, alles zusammen auf kleiner Flamme ca. 30 Minuten köcheln lassen.

Die Schwammerln (oder Pilze) in einer Pfanne gut anrösten und ca. 20 Minuten vor dem Fertigwerden der Suppe zugeben.

BIOHOF & MOSTSCHANK WÖLFL VLG ZEISCHGL

Unser Ziel ist heute der Naturpark Zirbitzkogel-Grebenzen. In der sanften Neumarkter Passlandschaft gibt es eine Vielzahl an Produzenten, die den Slow-Food-Gedanken leben. Auf unserem Einkaufszettel stehen Butter und Murtaler Steirerkäs, darunter einige Bestellungen aus Graz.

Am Hof der Familie Wölfl platzen wir mitten in die Butterproduktion. Obwohl draußen Schnee liegt und der Mostbuschenschank seit Ende Oktober Ruhepause hält, wird im Stall und in der Käseproduktion fleißig gearbeitet. Einerseits gibt es Nachwuchs bei den Schweinen und Kühen, der genauso versorgt werden will wie alle anderen Tiere verschiedenster Gattungen und Rassen auf dem Hof. Andererseits muss der wöchentliche Bio-Bauernmarkt in Neumarkt, der älteste seiner Art, mit Produkten beliefert werden.

Während wir unsere naturbelassene Buttermilch schlürfen, die beim Butterrühren abfällt, schauen wir der Bäuerin beim Butterformen zu. Der Bauer steckt kurz den Kopf ins Hoheitsgebiet seiner Frau, um einen alten Spruch loszuwerden: »Buttermilch aus dem Kübel ist gut gegen sieben Übel.« Die intensiv gelbe Farbe der Butter ist ein Zeichen der gesunden Fütterung der Kuh mit Heu und Wiesenkräutern.

Wir sind aber auch wegen des Murtaler Steirerkäs' gekommen. Ein Sauermilchkäse, der perfekt zur Jause passt. Am Butterbrot oder sauer mariniert ein echt steirischer Genuss!

Solchermaßen gestärkt und mit einer Tasche voll Butter und Käse fahren wir wieder Richtung Heimat, haben uns aber fest vorgenommen, im Sommer zum Wandern wiederzukommen und in den urigen Heubetten zu übernachten.

+43 (0) 3584 2504
Neumarkt

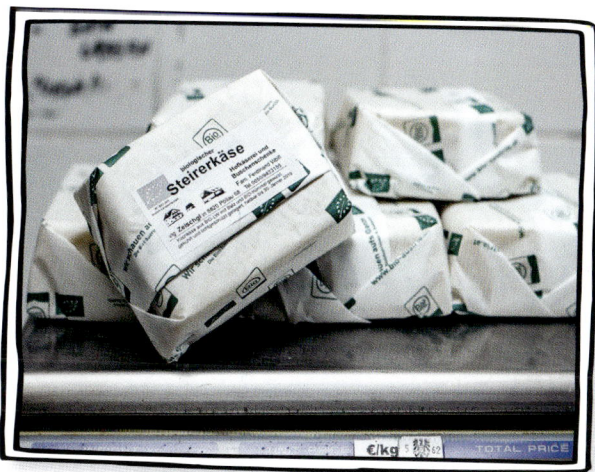

ROSA GEBRATENES BEIRIED MIT SAUTIERTEN STEINPILZEN

Katharina Pratos Werk »Die Süddeutsche Küche« erzielte eine Millionenauflage. Viele ihrer Rezepte haben bis heute Gültigkeit in Sachen Kochtechnik und Ernährung.

Eines davon hier im Originaltext:
»Ungefähr 1 Teller voll gereinigte und blättrig geschnittene Schwämme überbrüht man mit heißem Waser, seiht es ab, hackt sie fein zusammen. Man gibt sie zu gelb angelaufener Zwiebel in Butter, mischt 2 Deciliter sauren Rahm, 2 gehackte Sardellen, 2 Löffel Brösel, Pfeffer, Muscatnuss, wenig Salz und 2 Dotter dazu und lässt es eine halbe Stunde stehen. Dann formiert man über Bröseln kleine Laibchen, bäckt sie mit Butter und gibt sie als Fleischgarnierung.«*

Wir haben die Laibchen zu zartrosa gebratenem Beiried und sautierten Steinpilzen serviert.

Zutaten für 4 Personen:

Beiried:

ca. 180 g Beiried pro Portion (das Fleisch rechtzeitig vor der Zubereitung aus dem Kühlschrank nehmen, zum Braten soll es Raumtemperatur haben.)
Salz, Pfeffer
etwas Öl oder Butterschmalz
zum Braten

Rinderjus:

125 g	Buchweizen
4	milde Zwiebeln
25 g	Speck
25 g	Butter
100 ml	Rinderjus
	Salz

Steinpilze:

8 – 12	schön gewachsene Steinpilze (je nach Größe)
1 EL	Öl

Beiried:
Schmalz oder Öl in der Pfanne erhitzen, das Fleisch auf beiden Seiten 2 – 3 Minuten gut anbraten, würzen und anschließend bei ca. 55 °C kurz rasten lassen.

Rinderjus:
Den Buchweizen in kaltem Wasser aufsetzen und zum Kochen bringen, kurz vor Ende der Garzeit salzen. Wenn die Körner weich sind, das Wasser abseihen. Die zerkleinerten Zwiebeln in Butter anschwitzen, ohne dass sie Farbe annehmen.

Den Speck knusprig braten. Den Buchweizen, die Zwiebeln und den gebratenen Speck im Mixer auf großer Stufe pürieren und die Masse durch ein feines Sieb streichen.

45 g des Pürees mit dem Jus in der Küchenmaschine nochmals vermengen, abschmecken und gegebenenfalls mehr Jus hinzufügen, um die gewünschte Konsistenz zu erzielen.

Tipp: Jus-Reste können ohne Weiteres eingefroren werden.

* Rezept aus »Prato: Die gute alte Küche«, neu editiert und kommentiert von Christoph Wagner, Pichler Verlag, Verlagsgruppe Styria, 2006. Mit freundlicher Genehmigung des Verlags.

Steinpilze:
Die Pilze mit der Bürste vorsichtig trocken putzen, halbieren oder vierteln (je nach Größe, kleinere Pilze ganz lassen). Das Öl in einer Pfanne erhitzen, die Pilze für einige Minuten bei mittlerer Hitze darin braten.

Warm gehaltenes Beiried und Pilzlaibchen auf vorgewärmten Tellern anrichten, Fleisch mit Jus umgießen und mit sautierten Pilzen fertigstellen. Eventuell mit frischen Kräutern wie Thymian oder Petersilie garnieren.

SCHWAMMERL-STRUDEL

Schnell und unerhört köstlich

Zutaten für 4 Personen:
1 Packung fertiger Strudelteig (120 g)
etwas Butter zum Bestreichen

Fülle:
500 g	Instant-Polenta
500 g	Schwammerl oder Pilze nach Wahl
250 g	Mascarpone
2	Eidotter
200 g	geriebener Hartkäse
	Salz, Pfeffer
1 EL	Hildegard-Suppenwürze

Tipp: Edelteile vom Fleisch kommen bei uns ausschließlich zu Festtagen auf den Tisch. Wir bevorzugen es generell, ein küchenfertiges Mischpaket direkt beim Bauern zu kaufen. Wer keinen in der Nähe hat, kann bequem im Internet bestellen zum Beispiel über www.nahgenuss.at Mischpakete beinhalten ein gut zusammengestelltes Sortiment küchenfertig portionierter Fleischstücke und sind auch vakuumverpackt erhältlich. Ein variantenreicher Speiseplan kann somit sehr gut im Voraus geplant werden.

Die Polenta nach Packungsanleitung kochen. Vom Herd nehmen und auskühlen lassen.

Schwammerln (oder Pilze) putzen und gegebenenfalls zerkleinern (Pilze schneiden).

Pfanne erhitzen und die Schwammerln (oder Pilze) in einer heißen Pfanne trocken gut anrösten und anschließend abkühlen lassen. Die Pilze und die Polenta mit den restlichen Zutaten für die Fülle vermischen.

Die Strudelblätter auf einem leicht befeuchteten Geschirrtuch auflegen und mit flüssiger Butter bestreichen.

Die Fülle auf ca. einem Drittel der Strudelteigfläche verteilen, mithilfe des Geschirrtuches einrollen und auf ein geöltes Backblech heben. Mit Eidotter bestreichen und im vorgeheizten Backrohr bei ca. 200 °C ca. 25 – 30 Minuten Ober-/Unterhitze backen.

Etwas abkühlen lassen und am besten lauwarm mit Salat servieren. Für eine feine kalte Fingerfood-Variante den Strudel kleiner rollen.

GEBACKENE STEINPILZE

Selbst gefunden schmeckt am besten.

Zutaten für 4 Personen:

600 g	Steinpilze
	Für die Panade jeweils einen Teller mit glattem Mehl und Brösel richten
2	Eier
	Salz, Pfeffer
250 ml	Öl zum Backen (alternativ Butterschmalz)

Mayonnaise:

2	Eidotter
	Salz, Pfeffer
1 TL	scharfer Senf (zum Beispiel Krensenf von Pölzer aus Eggersdorf)
2 – 3 TL	Zitronensaft oder Essig
250 ml	Sesamöl (zum Beispiel von Fandler aus Sonnhofen)
	Kräuter zum Bestreuen (Petersilie, Schnittlauch etc.)

Pilze:
Die Steinpilze säubern und in fingerdicke Scheiben oder in Spalten schneiden, mit Salz und Pfeffer würzen.

Das Mehl und die Brösel auf 2 getrennte Teller geben.

Die Eier in einem tiefen Teller verquirlen.

Die Pilze zuerst in Mehl, dann in den Eiern und zuletzt in den Bröseln wenden.

Das Öl (oder Butterschmalz) in einer tiefen Pfanne erhitzen. Nicht zu heiß werden lassen, damit der feine Geschmack erhalten bleibt. Die Pilze darin goldgelb ausbacken.

Mayonnaise:
In einer Schüssel die Eidotter mit Salz, Pfeffer, dem Zitronensaft und dem Senf mit einem Schneebesen gut verrühren.

Öl langsam in kleinen Portionen kräftig einrühren, bis sich die Masse homogen bindet.

> Tipp: Das Öl und die Eier bei Raumtemperatur verarbeiten!

Die Pilze aus der Pfanne nehmen und auf Küchenpapier kurz abtropfen lassen. Noch heiß servieren.

Mayonnaise extra anrichten, mit Kräutern bestreuen und zu den Pilzen servieren.

> Tipp: Wird die Mayonnaise im Mixer (Stab- oder Turmmixer) zubereitet, können auch ganze Eier verwendet werden.

KRIMI: SILBERHOCHZEIT

Das gute Silberbesteck lag poliert auf der Tischdecke. Gläser und Teller glänzten um die Wette. Nur der Blumenschmuck fehlte. Den wollte Fritz in der Stadt besorgen.

Zufrieden schweifte Marthas Blick über den Festtagstisch. Alles war perfekt. Sein Lieblingsessen war fast fertig. Jetzt noch rasch die Rindsrouladen mit zweierlei Pilzfülle beidseitig anrösten. Die Pilze hatte sie selbst in aller Herrgottsfrüh im nahen Wald gesammelt. Jetzt hieß es, die beiden ja nicht verwechseln. Dann ab damit ins vorgeheizte Rohr, um sie fertig zu schmoren. Bald schon war sie frei. Noch vor ihrer Silberhochzeit, die morgen anstand.

Wenigstens heute kam er pünktlich nach Hause. Mit 25 roten Rosen stand er vor ihr, hatte ihr sogar ein Geschenk mitgebracht. Einen Ring. Viel zu protzig für ihren Geschmack, aber immerhin doch sehr aufmerksam von ihm. Wäre er nicht einige Jahre zu spät gekommen, hätte sich bei Martha womöglich das schlechte Gewissen geregt.

»Ich schenk dir schon mal Wein ein«, säuselte Fritz mit diesem selbstzufriedenen Lächeln, für das allein sie ihn schon hätte töten können. Aber seine Stunden waren ohnehin gezählt.

Nach dem dritten Schluck Muskateller fasste sich Martha an die Brust und japste nach Luft.

»25 Jahre mit dir sind mehr als genug«, raunte ihr Fritz ins Ohr, als er ihr den neuen Ring vom Finger zog. »Du glaubst doch nicht, dass der für dich bestimmt war?«

Die Küchenuhr war das Letzte, was Martha hörte. Gleich würde Fritz die Rouladen aus dem Rohr holen und diese schmatzend verschlingen. Dann war alles vorbei.

ALPINE
STEIERMARK

WWW.SCHLADMING-DACHSTEIN.AT
WWW.AUSSEERLAND.SALZKAMMERGUT.AT
WWW.GESAEUSE.AT

#GRIASSDI
#SCHLADMINGDACHSTEIN
#ENNSTALERSTEIRERKAS
#STEIRERKRAPFEN
#GLETSCHER
#SNOWMOUNTAINS
#GIPFELSTÜRMER
#INDIEBERGBINIGERN
#SKIFOAN
#HÜTTENZAUBER
#KAISERSCHMARRN
#LODEN
#AUSSEERLAND
#SALZKAMMERGUT
#MITTELPUNKTVONÖSTERREICH
#STEIRISCHESMEER
#DIRNDLUNDLEDERHOSEN
#GESÄUSE
#XEIS
#NATIONALPARK
#FLIEGENFISCHEN
#WILDWASSERSPORT
#WALDUNDFELS
#HOCHUNDNIEDERWILD

ARX BOUTIQUE-HOTEL, RESTAURANT, BAR & WEINBISTRO

Aus dem schneefreien Graz brechen wir heute ins winterliche Schladming auf, um das ARX Boutique-Hotel unter die Lupe zu nehmen. Beim Zwischenstopp am Schnelllader in Liezen nutzt Claudia die Wartezeit, um einige Exemplare ihrer Steirerkrimis in der Stadtbuchhandlung zu signieren. Keine zwei Stunden später legen wir einen Einkehrschwung auf der Langlaufloipe in der Ramsau ein. Zu perfekt ist das Wetter, zu verlockend der glitzernde Schnee, als dass wir widerstehen könnten. So viel Zeit muss einfach sein.

»Das Schöne am Langlaufen ist der ›Slow Flow‹«, wird Sabine niemals müde zu betonen. (Irgendwie hat sie »slow« in ihr gesamtes Leben integriert, das fällt schon auf.) Ob man das Langlaufen nun sportlich oder eher gemütlich angeht, die Wirkung lässt nicht lange auf sich warten. Der gleichförmige Bewegungsablauf macht den Kopf frei, der Körper entspannt sich.

Bei unserer Ankunft im ARX fühlen wir uns auf Anhieb wohl. Kaum haben wir in der modernen, gemütlichen Weinlounge direkt am Panoramafenster einen Platz

ergattert, genießen wir bei delikaten Slow-Food-Snacks und prickelndem Pet Nat den spektakulären Sonnenuntergang hinterm Dachsteinmassiv.

Im Jahr 2013 hat Manuel Veith das Haus von seinen Eltern übernommen und zu einem wahren Schmuckkästchen ausgebaut. In dem kleinen, feinen Boutique-Hotel lässt es sich in entspannter, stilvoller Atmosphäre urlauben. Auch, weil man sich auf Anhieb wie unter Freunden fühlt. Im Sommer wie im Winter.

Manuels Begeisterung für Wein hat ihn dazu veranlasst, sich zum Sommelier ausbilden zu lassen, und das sogar noch während seiner erfolgreichen Karriere als Snowboarder. Schön für uns und alle weinaffinen Gäste. Mit viel Gefühl hat er die Weine auf der Karte zusammengestellt, den Schwerpunkt auf Naturwein gelegt. »Ich liebe diese Komplexität in unkonventionellen Weinen, die Charakteristik der Böden, die sie zeigen und schmecken lassen. Dazu die Philosophie der Weinbauern«, schwärmt er. Besonders angetan haben es ihm die straffen, mineralischen Varianten, die in der Südsteiermark, speziell im Sausal, zu finden sind. Aus demselben Grund schätzt er auch die Weine vom Leithaberg im Burgenland.

Neu im Haus ist der Veith Sportshop: Zusammen mit seiner Frau Anna, der österreichischen Skirennläuferin, Olympiasiegerin, dreifachen Weltmeisterin und zweifachen Weltcup-Gesamtsiegerin, hat sich Manuel einen lang gehegten Wunsch erfüllt und einen Sportshop mit Skiverleih und Weinbistro eröffnet. So kann man auch mit leichtem Gepäck ohne eigene Ski anreisen. Möchte man sich Skischuhe anpassen lassen, vergeht die Wartezeit im Nu bei einem feinen Glasl Wein.

Wer im ARX übernachtet, begegnet morgens Manuels charmanter Mutter Helga, die für das großartige Bio-Frühstück zuständig ist. Dermaßen gestärkt kann es direkt auf die Piste oder auf den Berg gehen.

Mit Küchenchef Michael Tritscher ist ein wahrer Künstler an Bord des ARX. Ein Querdenker, der sein Handwerk beherrscht und köstliche Gerichte anschaulich auf die Teller zaubert. Etwa seine »Katze im Sack« – das Überraschungsmenü des Hauses. Michael ist einer, der sich intensiv mit der Herkunft der Lebensmittel beschäftigt. Zu seinen Produzenten pflegt er eine persönliche Beziehung. Pilze brockt er gerne auch mal selbst im Wald und sammelt Kräuter auf den Wiesen der Umgebung. Auch das Brot wird selbst gebacken, Nudeln in Handarbeit hergestellt. Sein Credo »Nature & Freestyle« bietet alles andere als gewohnte Kost.

www.das-arx.at
Schladming-Rohrmoos

ZUCKERMAIS-TRÜFFEL-CREMESUPPE

»Katze im Sack« von Michael Tritscher

Einfach nach Gefühl nachkochen oder im ARX
Restaurant danach fragen

> Zutaten:
> Zwiebel
> Sellerie
> Gemüsebrühe
> Zuckermais
> Weißes Trüffelöl
> Salz, Pfeffer
> Zucker
> Kümmel
> Knoblauch
> Weißwein
> Kokosmilch

Die Zwiebel und die Sellerie in gleichmäßige Würfel schneiden
und in Trüffelöl, zusammen mit dem Zuckermais anschwitzen.

Danach mit dem Zucker karamellisieren und mit dem Weißwein
ablöschen.

Den Alkohol reduzieren und mit dem Gemüsefond aufgießen.
Danach mit Kokosmilch verfeinern.

Suppe ca. 30 Minuten kochen lassen. Danach aufmixen, durch ein
Sieb passieren und mit viel Fantasie abschmecken, zum Beispiel
mit Kümmel oder Knoblauch.

Außergewöhnliche Kreationen,
die uns begeistern!

WILD AUF WILD

Im waldreichsten Bundesland Österreichs bereichert Wild seit jeher die Küche. Nicht nur im Herbst. Wildschwein ist das ganze Jahr über frisch erhältlich. Und einen zarten Maibock sollte man sich zumindest einmal im Jahr auf der Zunge zergehen lassen.

Wenn es ums Fleisch geht, zählt Wildfleisch sowieso zu den größten Delikatessen der Steiermark. Reh, Wildschwein, Hirsch und Gams leben in ständiger Bewegung, verbringen ihre Tage auf Futtersuche nach frischen Knospen und Wildkräutern. So erhält das Wildfleisch von Natur aus sein zartes Aroma und verlangt selten nach zusätzlicher Würze. Kräftige Wildgewürze zu verwenden ist ein Überbleibsel aus vergangenen Zeiten, als das erlegte Wild noch lange »in der Decke«, also im Fell, abhing. Dabei entwickelte es den strengen Geschmack, »Hautgout« genannt. Spätestens seit Kühlschrank und Gefriertruhe in die Haushalte eingezogen sind, ist es damit vorbei.

Neben vielen wertvollen Inhaltsstoffen besitzt Wildfleisch auch den Vorteil, natürlich gewachsen zu sein. Ein gezielter Küchenschuss des Jägers, einer, der das Wild ohne Vorwarnung stressfrei trifft, bewahrt umso mehr die hervorragende Fleischqualität. Also bloß keine Scheu davor, Wildfleisch zuzubereiten. Wilde Küche braucht keine komplizierten Rezepte.

KRIMI: WEIDMANNSDANK

Josef hob das Gewehr, entsicherte es routiniert, legte an. Sein Lid vibrierte leicht, als er das Auge zukniff. Das andere war starr auf sein Ziel gerichtet. Gleich würde der Hirsch hinter den Bäumen auftauchen. Schon lugte sein mächtiges Geweih hervor. Der Finger des Jägers berührte den Abzug. Er war hochkonzentriert.

Waldi stand hinter ihm. Aufgeregt zitternd, steif vor Spannung, bereit für das Kommando. Er wusste genau, was zu tun war. Unzählige Male hatte er den Jäger in den Wald begleitet.

»Weidmannsheil«, wisperte Josef.
Dann fiel der Schuss.
»Weidmannsdank«, sagte Waldemar, als Josef vornüber in die Schwarzbeersträucher fiel. »Du schläfst nicht mehr mit meiner Frau.«

Erleichtert öffnete er die Büchse. Das Warten hatte sich gelohnt. Für den Zwölfender, der davonsprang. Und für Waldi, der seinen besten Freund bei einem bedauerlichen Jagdunfall verloren hatte.

GÄSTE- UND SEMINAR-HAUS SÖLKSTUB'N

Es ist eine kurvenreiche Fahrt zur »Sölkstub'n« von Agnes Lemmerer in Sölk. Unterwegs ziehen malerisch verschneite Dörfer an uns vorbei. Flankiert von beeindruckenden Berggipfeln genießen wir die Fahrt. Sabine fühlt sich an die Winterurlaube ihrer Kindheit erinnert, an unbeschwerte Tage, die sie mit Eltern und Großeltern verbrachte.

Bei unserer Ankunft auf 1.000 Metern Seehöhe atmen wir erst einmal tief durch. Winterfrische und Sonnenschein. Was für ein herrliches Gefühl! Agnes begrüßt uns schon vor ihrer Haustür und weist uns gleich auf die »Bergbahnen« gegenüber hin. Die »Bergbahnen« bestehen aus genau einem Schlepplift. Jegliche Befürchtung vor langen Warteschlagen oder dass die Kinder verloren gehen könnten, sind unbegründet, scherzt Agnes weiter. Das Sölktal ist gerade für junge Familien, die aufs Geld schauen müssen, ein ideales Winterurlaubsziel, erfahren wir.

Es wird viel gelacht an diesem Tag. Wir lernen viel Neues, das seinen Ursprung in der historischen Küche hat.

Wir lernen »Kochkistenkochen«. Eine Technik, die Agnes nicht nur aus dem kleinen Finger beherrscht, sondern auch geradezu wissenschaftlich weiterentwickelt hat. In ihren Seminaren gibt sie ihre Leidenschaft und Begeisterung weiter.

Das System hinter der Kochkiste ist so einfach wie faszinierend. Die Speisen werden am Herd kurz vor- oder besser »an«-gekocht. Statt des üblicherweise stundenlangen Schmorens, Bratens oder Köchelns werden sie anschließend in die Kochkiste gepackt. Ganz ohne Strom, Feuer oder Gas. Nach vier Stunden, oft auch noch nach sieben bis acht Stunden sind die Speisen noch immer am Punkt und haben die richtige Esstemperatur. Einfach verblüffend.

Die Kochkiste sieht unscheinbar aus. Doch die äußere Optik zählt nicht. Drinnen steckt Technologie aus der Natur. Agnes erklärt uns, dass es vor allem wichtig ist, die Kiste richtig zu bauen. Sie muss auf die Größe des Kochgeschirrs ausgelegt und gut isoliert sein. Verbleibende Hohlräume werden mit Geschirrtüchern, Schafwolle oder Kirschkernkissen geschlossen, damit der Topf vollständig umhüllt ist. Das Kochgut kommt bei 95 °C in die Kiste und erreicht nach vier Stunden 75 °C. So entsteht das volle Geschmacksergebnis.

Das Essen aus der Kochkiste entspricht auf allen Ebenen dem aktuellen Ernährungstrend. Die sanfte Garmethode erhält sämtliche Inhaltsstoffe und Aromen. Die positive Wirkung auf den Körper ist belegt. Auch die leichtere Verwertbarkeit der Nährstoffe. »Der Körper braucht sich nur noch die Energie herausholen«, weiß Agnes.

Mit dem Auftrag für zwei Kochkisten und dem Versprechen, ein Ganztagesseminar zu besuchen, steigen wir gesättigt und zufrieden ins Genussmobil.

www.soelkstubn.at
Sölk

BED & BREAKFAST
HAUS ANNA PLOCHL

Im tief verschneiten Ausseerland besuchen wir heute Bettina Grieshofer in ihrer »Platzhirsch«-Dirndlerei in Bad Aussee, das ja als Hochburg der steirischen Tracht gilt. Nicht nur, weil wir ihre handgenähten Dirndln lieben.

Wir haben von Bettinas neuestem Projekt erfahren, das gerade zwei Häuser weiter entsteht. Ein Bed & Breakfast-Hotel, das alle Stückln spielt. Mit viel Stil und Funktionalität, wie wir sie von ihrer Mode kennen. Fünf exquisite Zimmer gibt es ab dem Sommer 2019 im »Haus Anna Plochl«, einer schmucken alten Villa, die mit viel gutem Geschmack sowie hochwertigen Materialien umgebaut und eingerichtet wird.

Im Salon mit Weinschrank im Erdgeschoß können sich die Gäste selbst bedienen. Das Frühstück wird auf Wunsch direkt ins Zimmer mit Kaffeemaschine, Wasserkocher und Minikühlschrank geliefert. In einer Frühstücksbox, die mit herrlichen frischen Schmankerln von nahegelegenen Betrieben wie der Bäckerei Schlögl, dem »Café Anna Plochl«

und der Bäuerin gefüllt ist. Die einzigartige Ausseer Berg- und Seenwelt lässt sich besonders naturnah mit hauseigenen E-Bikes erkunden.

Erwähnen wollen wir auch die Website der Dirndlerei. Dort kann man sich sein Dirndl sogar selbst konfigurieren:
www.platzhirsch-badaussee.at

www.hausannaplochl.com
Bad Aussee

FASCHINGSKRAPFEN

Die köstlichsten aller Krapfen

Tipp: Orangenschale im Teig harmoniert besonders fein mit Marillenmarmelade (statt der Zitronenschale im Rezept)

Endlich ist es Sabine gelungen, ihrem Vater das bis dato gut gehütete Rezept für seine Faschingskrapfen zu entlocken. Abertausende Krapfen wurden seinerzeit für sein Lokal »s'Milchmariandl« und das Catering in der hauseigenen Patisserie der Familie Just hergestellt.

Zutaten (für ca. 26 Stück):

Dampfl:

- 250 g glattes Mehl
- 40 g Germ
- 250 g lauwarme Milch
- 1 Prise Zucker

Weitere Zutaten:

- 500 g Mehlmischung aus 2/3 glattem und 1/3 griffigem Mehl
- 13 Eidotter (kein Tippfehler, die machen die Krapfen so gut!)
- 75 g Staubzucker
- 100 g Butter
- 1 Prise Salz
- 1 Packung Vanillezucker
- 1 geriebene Zitronenschale
- 2–3 EL Rum
- Fett oder Öl zum Backen
- 1 Glas Marillenmarmelade

Den Teig dann zu einer Rolle formen. Mit der Teigkarte in ca. 26 kleine Stücke (à ca. 60 g) schneiden und mit der flachen Hand auf der Arbeitsfläche zu kleinen Kugeln formen.

Die Teigkugeln auf ein mit Mehl bestreutes Brett legen, mit Mehl bestäuben, mit einem Tuch abdecken und an einem warmen Ort noch einmal ca. 20 Minuten gehen lassen.

Das Fett in der Fritteuse auf 160 °C erhitzen.
Die Teigstücke mit der Wölbung (bemehlte obere Seite) nach unten ins heiße Fett legen und zugedeckt ca. 3 Minuten lang backen.

Den Deckel entfernen, die Krapfen umdrehen und zu goldgelber Farbe fertig backen. Krapfen herausheben, auf Küchenpapier abtropfen und überkühlen lassen.

Marillenmarmelade mit etwas Rum aromatisieren, in den Dressiersack (dazu gibt es eigene Krapfentüllen) geben und Krapfen damit füllen. Mit Staubzucker bestreuen. Himmlisch!

Tipp: Mit Butterschmalz frittieren, dann schmeckt's noch besser!

Dampfl: Die Germ in der lauwarmen Milch auflösen, das Mehl unterrühren und eine Prise Zucker dazugeben. An einem warmen Platz rasten lassen, bis sich das Volumen verdoppelt hat.

Mehlmischung mit dem Staubzucker, den Eidottern und der zimmerwarmen Butter schaumig rühren.

Dampfl und schaumige Mehlmischung zusammengeben. 1 Prise Salz, den Vanillezucker, die Zitronenschale und den Rum zugeben, locker verrühren und zu einem geschmeidigen, seidig-glatten Teig kneten. Ca. 20 Minuten rasten lassen.

KÄSE & WEIN

Sie gehören zu den spannendsten Paaren der Genusswelt, bergen ungeahnte Kombinationsmöglichkeiten und bieten Kulinarikern jede Menge Gesprächsstoff.

Um den richtigen Wein zu einem Gericht oder zu einem Käse zu finden, braucht es einerseits Erfahrung, andererseits Lust, etwas Neues auszuprobieren. Erlaubt ist dabei vor allem, was gefällt. Beziehungsweise was schmeckt.

In einer klassischen großen Menüfolge wird der Käse nach der Hauptspeise serviert. Das schafft den Übergang vom herzhaften Gericht zum Dessert. In vielen Fällen hat man zu diesem Zeitpunkt noch einen Rotwein im Glas, und wahrscheinlich kommt von daher der Unfug, dass Rotwein der beste Begleiter zu Käse sei. Mit den allermeisten Käsesorten lassen sich Weißweine viel besser kombinieren.

Tatsächlich hängt die ideale Kombination mit der Tanninstruktur im Wein zusammen. Als Faustregel gilt: Je härter der Käse, umso kräftiger kann auch der Wein ausfallen, von Weiß über Orange- bis Rotwein. Das Fett des Käses nimmt das Tannin auf, und bringt die Fruchtaromen im Wein zum Vorschein.

Alle Weichkäse mit weißer Rinde haben ein würziges Pilzaroma, das sich mit der Reife verstärkt. Die Käse haben eine cremige Textur aufgrund ihres höheren Fettanteiles. Der Wein sollte diese Textur aufnehmen und dem Geschmack des Käses etwas entgegensetzen. Probieren Sie dazu Burgundersorten, Grauburgunder oder füllige Morillons (geschützte Bezeichnung für Chardonnay aus der Steiermark). Wenn Rotwein, dann Pinot Noir. Ist der Weißschimmelkäse noch frisch, also mit topfigerem Kern, dann verträgt er sich besonders gut mit Sekt aus Burgundersorten.

Rotschmierkäse sind meist sehr intensiv aromatisch und cremig in der Textur. Zu einem intensiv aromatischen Wein genossen, werden die beiden im Mund zu einem fülligen Gesamtkunstwerk verschmelzen. Generell lautet die Empfehlung, Regionales miteinander zu kombinieren. Der Geschmack einer Region steckt in ihren Produkten und lässt sie bestens miteinander harmonieren.

Berg- und Hartkäse spannen den Bogen von kraftvoll würzig bis salzig-körnig. Darunter fällt parmesanartiger Käse mit seinem charakteristischen Geschmack, der als »Umami« bezeichnet wird. Dazu passen sehr kraftvolle Weine, weiß wie rot, von hoher Reife.

Blauschimmelkäse sind sehr kräftig im Geschmack, mit zunehmender Reife auch sehr salzig und vertragen sich daher wunderbar mit Süß- oder Likörweinen.

Es gibt nichts Schöneres, als gemeinsam zu genießen und darüber zu reden.

Viel Spaß beim Kombinieren!

OSTSTEIERMARK

#GEMÜSEGARTEN
#OBSTGARTEN
#GARTENÖSTERREICHS
#FRISCHVOMFELD
#APFELSTRASSE
#MASCHANZKER
#HIRSCHBIRN
#NATURPARK
#PÖLLAUERTAL
#BLUMENSTRASSE
#SCHLÖSSERSTRASSE
#JOGLLAND
#ALMENLAND
#ALMOCHSEN
#STYRIABEEF
#WEIZERBERGLAMM
#MÄH
#MOST

WWW.OSTSTEIERMARK.COM

RETTER SEMINARHOTEL BIORESTAURANT

Seit Wochen stehen wir in den Startlöchern, wollen unsere Genusstour in die Oststeiermark endlich starten. Der Winter hat sich heuer lange Zeit gelassen, um sich dann ganz plötzlich – beinahe über Nacht – zu verziehen. Wir müssen uns beeilen, damit wir unsere Apfelblütenfotos rechtzeitig einfangen können. Im Naturpark Pöllauer Tal angekommen, machen wir Halt und geraten ins Staunen. Millionen von zarten Blüten auf knorrigen Obstbäumen um uns herum. Wie wundervoll, inmitten dieser blühenden Pracht zu stehen! Und dieser herrliche Duft! Die Bienen, die herumschwirren, sehen das genauso. Und haben viel Arbeit vor sich. Genau wie wir.

Einige Kurven weiter erreichen wir unser kulinarisches Ziel. Hotelière Ulli Retter erwartet uns im blühenden Quittengarten, einem Ort der Ruhe und Entspannung. Der Obstbau rund ums Seminarhotel Retter ist bereits seit 1990 biozertifiziert. Initiiert wurde er von Ullis Schwager Werner. Als echter Bio-Pionier folgt er konsequent seiner Überzeugung: »Wir haben der Natur nichts hinzuzufügen«. Er war es auch, der 1992 erstmalig die Hirschbirn in Form eines reinsortig gebrannten Destilla-

tes präsentierte. Das heutige »Retter BioGut« gilt daher als Wiege dieser typisch steirischen Streuobstsorte.

Ins »BioGut« führt unser nächster Weg. Im ehemaligen Obsthofgebäude sind jetzt eine Backstube, eine Kräutertrocknungsanlage, eine Marmeladensiederei und eine Schnapsbrennerei untergebracht. Außerdem wird in der Eiserei aus frischen hofeigenen Früchten Eis produziert. Das gesamte Bio-Brot und Gebäck fürs Hotel wird hier täglich frisch gebacken, und nebenbei gibt es Brotbackkurse für Interessierte. Erwerben kann man all die feinen Produkte im angeschlossenen Bio Laden.

Das Hauptanliegen von Ulli und Herrmann Retter ist, einen geschlossenen Lebensmittelkreislauf erlebbar zu machen. »Fleisch ist für uns etwas ganz Besonderes«, führt die Chefin weiter aus. Nur im Freiland gehaltene Tiere von Biobauern werden von der Nase bis zur Schwanzspitze verarbeitet. Slow Food in Reinkultur, das ganze Jahr über. Zusätzlich zum saisonalen Speisenangebot kredenzt man den Gästen an speziellen Tagen gesottenes Murbodner-Rind vom Biohof Willingshofer und Köstlichkeiten vom Bio Lamm der Familie Schieder.

Ein Tagesausflug ist bei Weitem zu kurz, um all die Annehmlichkeiten und Genüsse auszukosten. Zum Glück gibt es wunderschöne Gästezimmer und ein großartiges Wellnessangebot. Das weithin bekannte und beliebte Hotel darf sich mit zahlreichen Auszeichnungen schmücken. Zurecht, wird hier doch seit Jahrzehnten Gastfreundschaft aufs Allerherzlichste gelebt, gepaart mit höchster Kompetenz.

www.retter.at
Pöllauberg

KRIMI: HIRSCHBIRNPIRSCH

Seinen freien Sonntag wollte der Kriminalinspektor im Grünen verbringen – auf der Jagd nach Schmetterlingen. Freilich ohne ihnen Schaden zuzufügen. Er war ja kein Unmensch. Sondern um sie zu fotografieren. Zu Fuß würde er eine halbe Stunde brauchen bis zur Wiese, auf der sich an sonnigen Tagen unzählige Schmetterlingsarten tummelten.

Die gute Laune sollte ihm unterwegs vergehen. Das Surren im Wald wurde immer lauter. Dann nahm er den Geruch wahr, den er schon viel zu oft gerochen hatte. Er hätte auf dem markierten Wanderweg bleiben sollen, aber nein, er musste ja unbedingt dem Insektengeräusch und dem Verwesungsgeruch folgen. Hinterm Gebüsch hielt er inne. Da lag ein Jäger, direkt vor dem Hochstand, belagert von unzähligen Fliegen. Das Gewehr keine zwei Meter von ihm entfernt auf dem Boden. Zweifellos war er tot, stellte der Inspektor fest. Die Flasche in

seiner Hand war fast leer. »Hirschbirn Edelbrand«, las er vom Etikett ab. Offenbar war der Mann sturzbetrunken vom Hochstand gefallen.

Wenigstens kein Mord, frohlockte der Inspektor und griff zum Handy, um die Kollegen zu verständigen.

Als sie eintrafen, hatte er seine Meinung längst geändert. Hier lag wohl doch ein Mord vor. Hätte der Jäger die Flasche beim Sturz in die Tiefe festgehalten? Und wäre sie beim Aufprall nicht zerbrochen? Viel wahrscheinlicher war, dass der Mörder sie ihm nach der Tat in die Hand gedrückt hatte, um einen Unfall unter Alkoholeinfluss vorzutäuschen.

Die Schmetterlinge mussten wohl oder übel warten.

FRÜHLINGSGEFÜHLE AM TELLER

FLEDERMAUS VOM RETTER BIO-SCHWEIN MIT ERDÄPFEL-SOUFFLÉ, ZWEIERLEI SPARGEL UND RHABARBER

Für 4 Personen
Zutaten:

1 kg	Fledermäuse (ideal vom Retter Bio-Schwein)
8 Stangen	weißer Spargel
4 Stangen	grüner Spargel
8 Stangen	Rhabarber
250 g	Erdäpfel
2	Eier
60 ml	Schlagobers
125 ml	Rindssuppe
	Salz, Pfeffer
	Butter
	Olivenöl

Erdäpfel-Soufflé:
Die geschälten Erdäpfel in Salzwasser weich kochen anschließend pressen. Die Eier trennen, den Dotter und das Schlagobers zu den gepressten Erdäpfeln geben, dann mit Salz und Pfeffer würzen. Das Eiweiß zu Schnee schlagen, unter die Erdäpfelmasse heben und in mit Butter bestrichene Backformen füllen. Bei ca. 180 °C Umluft ca. 20 Minuten backen.

Spargel und Rhabarber:
Den weißen Spargel schälen. Bei den Rhabarberstangen die Fäden ziehen. Den Rhabarber, grünen und weißen Spargel in Salzwasser kochen. Wenn alle bissfest sind, kurz in Eiswasser abkühlen, damit sie ihre Farbe nicht verlieren.

Fledermäuse:
Olivenöl in einer Pfanne erhitzen. Die Fledermäuse in Mehl wenden, auf beiden Seiten scharf anbraten und aus der Pfanne nehmen. Den Bratenrückstand in der Pfanne mit einem nussgroßen Stück Butter und der Rindssuppe zu einer Soße verarbeiten.

Die Fledermäuse wieder zurück in die Soße geben und warm halten. Den Spargel und Rhabarber kurz erhitzen, mit Butter verfeinern und salzen. Die Erdäpfel-Soufflés aus den Backformen stürzen und alles gemeinsam anrichten und servieren.

WIRTSHAUS FRIEDRICH

Dem Traditionswirtshaus Friedrich in Buch, das wir heute besuchen, sind ein Weingarten und eine Landwirtschaft angeschlossen. Dort gedeihen Kürbisse, Kraut und Rüben, alte Mais-, Paradeiser- und Erdapfelsorten, Käferbohnen, Zwiebeln, Knoblauch und eine Vielzahl an Küchenkräutern. Und natürlich Wein. Alles findet sich früher oder später auf den Tellern und in den Gläsern der Gäste wieder. 2012 hat Andreas Friedrich den Familienbetrieb von seinem Vater Herbert übernommen. Über die Jahre hinweg haben die Friedrichs das Wirtshaus immer wieder sanft renoviert, ohne den geschichtlichen Charakter zu zerstören. Zuletzt wurde 2015 die Scheune für Feierlichkeiten adaptiert. Nach dem Feiern oder auch sonst kann im »Troadkast'n«, einst Getreidespeicher, oder im Winzerhaus übernachtet werden.

Mutter Helga Friedrich schwingt mit Leidenschaft den Kochlöffel. Verehrer der Regionalküche schätzen besonders ihre Grammelsuppe, das »Knödelgröst'l«, den Krautstrudel, die Spagatkrapfen und die gebackenen Apfelspalten. Die legierte Maissuppe aus der lokalen Sorte »Roter Hauswoaz« schmeckt nirgendwo besser. Ebenso der Türkensterz mit knusprigen Grammeln und die gebackene Polenta als Beilage zu saftigen Lammkoteletts. Das Kalbszüngerl mit Käferbohnen und Ei mariniert die Küchenchefin mit regionalem Apfel-Hagebutten-Essig von der Familie Schaffer-Oswald und hauseigenem Kürbiskernöl.

Wenn in den umliegenden Wäldern die Schwammerl sprießen, sind die gebackenen Steinpilze mit Kernöl-Sauerrahm-Dip heiß begehrt. Auch das Eierschwammerlgulasch mit Nockerln ist ein Gedicht. Das dauert aber noch ein bisschen. Erst einmal freuen wir uns auf den Sommer.

www.wirtshaus-friedrich.at
Buch

BÄCKEREI UND SCHOKOLA-DENMANUFAKTUR FELBER

Die Bäckerei Felber in Birkfeld, zu der wir heute mit dem Genussmobil fahren, ist seit rund 270 Jahren in Familienbesitz. Das Bäckerhandwerk wurde von Generation zu Generation weitergegeben. Und mit ihm das Rezept für den Sauerteig, der im Hause Felber nach wie vor natürlich angesetzt wird. Backmischungen suchen wir hier vergeblich. Und das schmeckt man im Brot und Gebäck.

Die Felbers setzen auf traditionelle Werte, erfahren wir weiter. Die Heimat ist ihnen wichtig. Klingt für manche vielleicht gestrig, ist es aber nicht. Im Gegenteil. Neben den klassischen Felber-Semmeln und Striezeln, die im Laden verkauft werden, gibt es zeitgeistige Brotsorten wie Hanf- und Eiweißbrot im modernen Onlineshop. So auch das »Hoamatbrot«, eine Initiative, die Betriebe aus dem Umland einbindet und ausschließlich hochwertige Zutaten aus der Region enthält.

Auch in der Schokoladenmanufaktur werden regionale Produkte verwendet: Honig, Beeren und Obst, Schnäpse und Edelbrände von Destillerien aus der Umgebung. Einige landwirtschaftliche Betriebe bringen Teile ihrer Ernte zu Felber und lassen daraus ihre eigene Schokolade produzieren. Vorbildlich!

www.felber-schokoladen.at
Birkfeld

SANDDORNGÄRTNEREI UND MANUFAKTUR SANDICCA

Die »GenussSpur« Steiermark führt uns heute ins Joglland zu einer echten Pionierin. Tanja Krois-leitner hat sich 2013 in eine Pflanze regelrecht verliebt und sich in den Kopf gesetzt, sie als Erste in Österreich anzubauen: den Sanddorn. Vier Jahre später gründete sie ihre Firma Sandicca. Mittlerweile gedeihen in ihren Sanddorngärten auf rund 2,7 Hektar Anbaufläche an die 6.000 Sanddornsträucher in Bioqualität. Nach der Ernte im Herbst werden regelrechte Wundermittel aus dieser geheimnisvollen dornigen Pflanze mit den leuchtend orangen Beeren hergestellt. Wir wollten mehr über das Superfood aus der Steiermark erfahren.

Ursprünglich in kargen Regionen angesiedelt, überlebt die Sanddornpflanze mit nur sehr wenigen Nährstoffen und speichert daher wertvolle Wirkstoffe in hoher Konzentration in allen Pflanzenteilen. So soll sich die robuste Powerfrucht positiv auf den Körper auswirken. Die Sanddornbeeren haben einen ausgesprochen hohen Vitamin-C-Gehalt und unterstützen das Immunsystem.

Im Sandicca Sanddorn-Fruchtfleischöl finden sich zudem mehrfach ungesättigte Omega-Fettsäuren, die zusammen mit Vitamin E und der Vitamin-A-Vorstufe Beta-Carotin einen wertvollen Wirkstoffkomplex bilden. Dazu enthält Sanddorn über 190 bioaktive Substanzen, die den menschlichen Körper mit sogenannten essenziellen, also nicht selbst produzierbaren Stoffen versorgen.

Aus Sanddornbeeren und -blättern werden bei Sandicca aromatische Tees für verschiedene Stimmungslagen hergestellt, außerdem Nahrungsergänzungen und Naturseifen, die wir gerne ausprobieren. Erhältlich sind die wunderbaren Produkte aus der Natur vor Ort und in Apotheken.

www.sandicca.com
Wenigzell

SPARGELSUPPE

Zart und cremig in Grün

Zutaten für 4 Personen:

500 g	grüner Spargel
20 g	Butter
20 g	Olivenöl
2	mittelgroße Zwiebeln
	Salz
2 l	Gemüsebrühe
½ Bund	Petersilie
100 g	fein geriebener Hartkäse
	(zum Beispiel steirischer Asmonte)
	Croutons

Den Spargel waschen, die holzigen Enden entfernen. Die Köpfe abschneiden und beiseite legen. Die Spargelstangen der Länge nach halbieren und in ca. 3 cm lange Stücke schneiden.

Die Butter und das Öl in einem Topf erhitzen, die fein gehackten Zwiebeln darin goldgelb dünsten. Die Spargelstücke zugeben, einige Minuten darin garen, salzen, mit der Gemüsebrühe aufgießen und ca. 25 – 30 Minuten bei mittlerer Hitze köcheln.

Die Suppe mit dem Mixstab pürieren und weiter leicht köcheln lassen. Die Spargelspitzen dazugeben. Den Hartkäse einrühren.

Unmittelbar nach der Zugabe des Hartkäses in vorgewärmten Suppentellern anrichten und servieren. Mit Croutons und Petersilie garnieren.

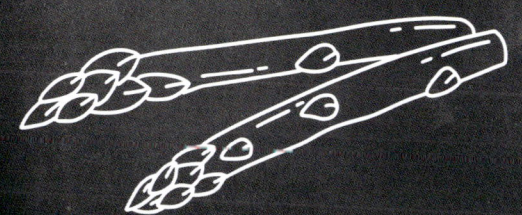

SPARGELSALAT

Frisch wie der Frühling und herrlich aromatisch

Zutaten für 4 Personen:

Salat:

250 g	grüner Spargel
250 g	weißer Spargel
200 g	Erdbeeren
150 g	Forellenschluss (steirische Salat-spezialität, alternativ Römersalat)
100 g	Rucola und Karottengrün gemischt
	Zesten von 1 Zitrone

Pesto:

100 g	Rucola
40 g	Pinienkerne
30 g	parmesanartiger Hartkäse (zum Beispiel steirischer Asmonte)
100 ml	Kürbiskernöl
2 EL	Zitronenbalsamessig
	Salz, rosa Pfeffer
2 – 3 EL	Spargelsud oder Gemüsefond

Spargel:
Den Spargel waschen und die holzigen Enden entfernen. Den weißen Spargel bis ca. 4 cm unter dem Kopf schälen. Den Spargel schräg in ca. 4 cm lange Stücke schneiden.

Die Salate und das Karottengrün waschen und in mundgerechte Stücke teilen. Erdbeeren reinigen und halbieren oder vierteln.

Pesto:
Für das Pesto alle Zutaten im Mixer zerkleinern, nach Bedarf mit dem Spargelsud oder dem Gemüsefond verdünnen. Kurz ziehen lassen, damit sich die Zutaten gut verbinden.

In einer großen Schüssel den Spargel, die Salate mit dem Karottengrün und die Erdbeeren behutsam vermengen, Zitronenzesten dazugeben. Das Pesto sorgfältig unterheben.

Tipp: Wenn der Salat pikanter gewünscht wird, den Salat mit einem leichten Essig-Öl-Dressing marinieren und erst anschließend das Pesto untermengen.

SPARGEL MIT BUTTER UND BRÖSELN

Der Spargelklassiker

Zutaten für 4 Personen:
1 kg grüner oder weißer Spargel
Salz
Butter und Brösel nach Belieben
1 EL Olivenöl

Den weißen Spargel schälen, dabei ab 2 – 3 cm unterhalb des Kopfes dünn beginnen, zum Ende hin dicker werden. Beim Schälen nicht sparen, vergessene Schalen ergeben einen bitteren Geschmack! Bei Grünspargel wird höchstens das untere Drittel geschält.

Anschließend den Spargel stehend oder liegend in Salzwasser gebündelt kochen oder schonend dämpfen, die Garzeit ist von der Stärke der Stangen abhängig, ca. 10 – 20 Minuten. Grünspargel benötigt die halbe Garzeit. Oberster Grundsatz: Spargel nicht zerkochen!

In einer Pfanne reichlich Butter schmelzen, das Olivenöl dazugeben und Brösel darin braun rösten.

In einer Kasserolle zusätzlich Butter braun aufschäumen lassen.

Den Spargel gut abtropfen lassen, erst auf dem Teller mit Butterbröseln bestreuen und mit etwas brauner Butter beträufeln.

Als klassische Beilage passen Petersilerdäpfel oder Blattsalat.

Tipp: Weißbrot im Sud nimmt Bitterstoffe.

Tipp: Spargel kann gut aufbewahrt werden. Roh oder gekocht in einem feuchten Tuch (weißer Spargel) oder in Butterbrotpapier (grüner Spargel) hält er im Kühlschrank 2–4 Tage lang.

Tipp: Zum Aufwärmen von gekochtem Spargel ein wenig vom Spargelsud zurückbehalten und in einer Pfanne im Sud langsam erhitzen.

Tipp: Spargel friert man am besten geschält, roh und portionsweise gebündelt ein.

BÄRLAUCH-RISOTTO

Tipp: Bärlauch trocknen geht am schnellsten auf einem Butterpapier für einige Sekunden in der Mikrowelle. Die grüne Farbe bleibt erhalten.

Rührend meditieren

Risotto kocht Sabine gerne, wenn sie über etwas nachdenken muss.

Zutaten für 4 Personen:

400 g	Steirerreis (Mittelkornreis), natur oder poliert
250 g	Brennnesseln
½ Bund	Jungzwiebeln
½ Bund	Bärlauch
ca. 250 ml	halbtrockener Weißwein oder Wermut
1 l	Hühner- oder Gemüsefond
	Salz, Pfeffer
1 EL	Öl
	Hartkäse (zum Beispiel aus dem Arzberger Silberstollen)
4	getrocknete Bärlauchblätter

Die Brennnesseln in wallendem Wasser kurz blanchieren, mit einem Schöpfer herausnehmen und abtropfen lassen, danach grob hacken. Den Bärlauch fein schneiden und beiseite stellen.

Das Öl in einem mittelhohen Topf erhitzen, darin die feingeschnittenen Jungzwiebeln sanft bei niedriger Hitze dünsten, bis sie weich und glasig sind. Sie dürfen dabei keine Farbe annehmen.

Den Reis dazugeben und die Temperatur höher schalten. Reis ständig rühren, bis er sein glasiges Aussehen bekommt.

Den Weißwein oder Wermut zugießen und weiterrühren. Der Alkohol verdampft, es bleibt das feine Aroma.

Sobald der Wein eingekocht ist, einen Schöpfer Fond dazugeben. Sobald der Reis den Fond aufgesogen hat, neuerlich etwas nachgießen und regelmäßig rühren. Nach etwa 15 – 20 Minuten (mit Naturreis dauert es länger) probieren, ob der Reis gar ist. Die Körner sollen weich sein, aber noch etwas Biss haben. Eventuell wieder Suppe nachgießen.

Kurz vor dem Anrichten die Brennnesseln und den Bärlauch dazugeben, mit Salz und Pfeffer würzen und mit geriebenem Käse bestreut in tiefen Tellern anrichten, mit je einem getrockneten Bärlauchblatt garnieren und servieren.

Tipp: Der Brennnesselsud kann auch als Tee getrunken werden, deshalb nicht wegschütten! Auch als Pflanzengießwasser ist er sehr gut geeignet.

SÜDSTEIERMARK

#WEIN
#WINEOCLOCK
#WERBRAUCHTSCHONDIETOSKANA
#KLAPOTETZ
#WEINSTRASSEN
#STEILELAGEN
#BUSCHENSCHANK
#SULMTALERHENDL
#BUSCHENSCHÄNKEN
#BRETTLJAUSN
#DIEWAHRHEITLIEGTIMWEIN
#EINSCHLUCKERLGEHTIMMER
#SOWASVONSCHÖNHIER
#SOSCHMECKTDIESTEIERMARK
#STEIRISCHERWEIN
#TRINKSTEIRISCH
#WEINLANDSTEIERMARK
#WINEDESTINATIONS

GASTHAUS KOSCHAK
WIRT & WEINBAUER

In der Steiermark wird seit jeher den Jahreszeiten entsprechend und mit regionalen Produkten gekocht. Slow Food hat hier Tradition. Immer schon war man sehr kreativ im Bestreben, das zu verarbeiten und zu verwerten, was es gerade gab. Das Bewusstsein für die kulinarischen Wurzeln ist in jüngster Zeit sogar noch stärker geworden. Alte Gemüsesorten werden vermehrt angebaut, Streuobstwiesen gepflegt, alte Nutztierrassen wieder gezüchtet, die durch Landwirtschaft im Einklang mit der Natur wohlschmeckendes Fleisch liefern.

Heute wollen wir das »Gasthaus Koschak – Wirt & Weinbauer« in Heimschuh besuchen, wo die Wirtsleute dieses Verständnis von nachhaltiger Ernährung leben. Dazu peilen wir den Naturpark Südsteirisches Weinland im südwestlichsten Zipfel der Steiermark an. Bevor wir uns jedoch den kulinarischen Genüssen hingeben, wollen wir bei einer Klammwanderung ein paar Kalorien verbrennen.

An einem frühsommerlich warmen Tag wie diesem ist es ein besonderes Vergnügen, die Heiligengeistklamm zu durchwandern. Umgeben von frischer Waldluft gelangen wir bis an die slowenische Grenze. Auf dem Rückweg machen wir noch einen Abstecher zu Christian Krampls Weingut Oberguess. Einen herrlichen Sauvignon später wandern wir durch die steilen Weingärten zurück zu unserem Ausgangspunkt beim Klammeinstieg. Dort wartet unser Genussmobil, das uns zu unserem Ziel nach Heimschuh bringt.

Die Koschaks züchten und servieren Sulmtaler Hühner. Der Senior des Hauses Anton Koschak hat sich dieser traditionellen Rasse angenommen. Bereits im 17. Jahrhundert wurde das zarte, saftige Fleisch der Hühner und Kapaune auf Festtafeln von Fürsten und Kaisern geschätzt. Sowohl Fleisch als auch Eier sind bis heute als besondere Delikatesse bekannt und sehr begehrt. Die Sulmtaler leben auf dem Hof der Koschaks in Gruppen zwischen idyllischen Streuobstwiesen, Weingärten und Kastanienbäumen.

Spezialitäten vom Sulmtaler wie die »aufg'setzte Henn« und andere traditionelle Gerichte zeichnen den Familienbetrieb aus. Schwiegertochter und Juniorchefin Silvia Koschak ist für die Zubereitung der Leckerbissen zuständig. Ihr Bestreben ist es, von vorangegangenen Generationen überlieferte Rezepte neu zu interpretieren, ohne viel Gschisti-Gschasti, dafür mit unglaublich viel Geschmack. Dazu verwendet sie natürlich Produkte aus dem eigenen Stall und Garten: Eier, Gemüse, Obst und Wiesenkräuter. Was nicht selbst produziert wird, kommt aus der Nachbarschaft: Getreide und Öl vom Hartlieb ums Eck, das Lammfleisch vom Innerhofer. Kein Wunder, dass mancher Gast weite Umwege für Spezialitäten wie das Backhendl auf sich nimmt.

Silvias Ehemann Martin Koschak zeichnet für die Weine verantwortlich und ist in der Gaststube der Chef. Kaum jemand verlässt das Wirtshaus, ohne von seinen Weinen gekostet zu haben. Die wachsen auf mineralischen Urgesteinsböden rund ums Haus am Königsberg und am Weißheimerkogel. Die traditionellen Rebsorten von Welschriesling bis Blaufränkischen passen wunderbar zu den Gerichten. Man schmeckt, dass Speisen und Getränke aus demselben Landstrich wunderbar harmonieren. Die neun Zimmer im Gästehaus sind mit Vollholzmöbeln und Naturtextilien ausgestattet und mit Bildern regionaler Künstler dekoriert.

www.koschak.at
Heimschuh

BUCHWEIZENRAVIOLI

Aus der Wirtshausküche Koschak

Zutaten für 4 Personen:
Nudelteig:
300 g Heidenmehl (Buchweizenmehl)
1 Ei
60 ml Wasser
1 Eidotter zum Bestreichen

Fülle:
400 g Bio-Magertopfen
4 EL Bergkäse
frischer gehackter Estragon
Salz (ideal Ausseer Bergkern), Pfeffer

Zum Anrichten:
Butter
1 Zwiebel, in feine Ringe geschnitten
geriebener steirischer Bergkäse,
Menge nach Belieben

Nudelteig:
Alle Zutaten bis auf den Eidotter zu einem Nudelteig vermengen und für mindestens 1 Stunde rasten lassen.

Fülle:
Den Topfen mit dem gehackten Estragon und dem geriebenen Käse glatt rühren, mit Salz und Pfeffer abschmecken.

Den Nudelteig dünn ausrollen und Kreise ausstechen. Auf die Teigkreise je einen gehäuften Teelöffel Kräutertopfenfülle geben. Die Ränder mit verquirltem Eidotter bestreichen und verschließen, mit einer Ravioliform gelingen sie besonders schön.

Die Ravioli in reichlich wallendem Salzwasser 4 – 5 Minuten ziehen lassen. Wenn sie an der Oberfläche schwimmen, sind sie gar.

Die Butter in einer Pfanne schmelzen, die Ravioli darin schwenken. Die Zwiebelringe in einer Stielkasserolle mit reichlich Butter anschwitzen, bis sie goldbraun sind. Ravioli auf Tellern anrichten, mit den Zwiebelringen und dem geriebenen Bergkäse garnieren.

G'SELCHTE KÖNIGSBERGER HENN MIT BANDNUDELN

Eine Spezialität des Hauses Koschak.

Zutaten für 4 Personen:

Nudelteig:

150 g	Weizenmehl
150 g	Roggenmehl
1 TL	Öl
	Salz (Ausseer Bergkern)

Huhn:

1	Sulmtaler Huhn (ca. 2 kg)
1	Zwiebel
½	Sellerie
1 ½	Stangen Lauch
1–2	Lorbeerblätter
	schwarze Pfefferkörner
	Muskatnuss gerieben

Soße:

1 ½	Stangen Lauch
1 EL	Kapern
	Öl zum Anschwitzen
1	Schuss Schlagobers
	Giersch oder frische (Wild-)Kräuter nach Belieben

Nudeln:

Die Zutaten für den Nudelteig gut verkneten und für ca. 1 Stunde im Kühlschrank rasten lassen. Anschließend auf einer bemehlten Arbeitsfläche ausrollen und in feine Bandnudelstreifen schneiden oder mit der Nudelmaschine herstellen, kurz antrocknen lassen. Ca. 5 Minuten kochen.

Huhn:

Das Huhn mit der Zwiebel, dem Sellerie, dem Lauch, dem Lorbeer, den schwarzen Pfefferkörnern und geriebener Muskatnuss 1–1,5 Stunden lang ohne Salz kochen, bis es gar ist.

Das Huhn aus der Hühnersuppe nehmen, Fleisch von der Karkasse lösen (Pulled-Chicken-Art) und über Buchenholz räuchern. (Selchkammer oder Barbecue-Smoker-Grill)

Lauch in einer Pfanne mit dem Öl anschwitzen. Das »Pulled Chicken« dazugeben und mit Hühnersuppe aufgießen. Die Kapern hinzufügen und kurz reduzieren.

Ein Schuss Schlagobers dazugießen, wieder reduzieren und mit dem Giersch vollenden.

Die Bandnudeln unter die Soße und das »Pulled Chicken« heben und auf vorgewärmten tiefen Tellern anrichten.

WEINWANDERUNG IM SAUSAL

Heute steht eine Wanderung über die Weinhügel des Sausals auf dem Programm, dessen Weingärten teilweise so steil sind, dass sie nur mit Seilwinden gesichert bearbeitet werden können. Vom Weinmuseum in Kitzeck kommend, dem höchsten Weinbauort in Europa, wandern wir zum Hochsteinriegl. Im Vorbeigehen begrüßen wir die Wohlmuths, die gerade mit der Inspektion ihres Weingartens beschäftigt sind. Wie ihre extrem steile Riede Edelschuh zählt auch diese Toplage zu den besten der Südsteiermark, die edle Weine hervorbringt. Zur Urmeerzeit ragte das Sausal als Insel aus dem Ozean, wodurch hier kaum Schotter- oder Muschelkalkablagerungen zu finden sind wie in der restlichen Südsteiermark, sondern karger Schieferboden.

Weiter geht es vorbei am Sausaler Schlössl zur Schmetterlingswiese, die über 50 Tagfalterarten beheimatet. Einen kurzen Fotostopp legen wir beim weltweit größten Klapotetz am Demmerkogel ein, bevor wir zum Weingut Felberjörgl hinunterwandern. Das schmucke Biedermeierhaus mit dem herrlichen Gastgarten lädt zum Verweilen ein. Auch die Weine von Hans-Peter Temmel überzeugen uns schon seit Langem. Wir starten mit einem prickelnden und köstlichen Pet Nat-Schaumwein, der ganz neu im Sortiment ist, und probieren danach einen Riesling »Höchleit'n« zu hausgemachten Spezialitäten vom Damwild.

Über die Höchleiten geht es schließlich weiter zum Gaisriegl. Danach sind wir geschafft und brauchen wieder eine Stärkung. Einkehrmöglichkeiten gibt es im Sausal glücklicherweise reichlich. Und was für welche! Die Auswahl fällt schwer. Da wir aber am Gaisriegl sind, besuchen wir die Buschenschank der Familie Schauer. Ein wahres Paradies inmitten der Weingärten. Wir nehmen im Schatten eines Baumes Platz und haben Glück: Es ist noch etwas vom frischen, ofenwarmen Brüstl übrig. Einfach nur köstlich!

Bernhard Schauer, der mit Bruder Stefan für die eleganten Weine verantwortlich zeichnet, gesellt sich zu uns, um mit uns zu plaudern, während wir zwei herrliche Rieslinge verkosten: vom »Kitzeck-Sausal« und vom »Ried Gaisriegl«, der hauseigenen extrem steilen und besten Lage. Kein Wunder, dass sich die hochprämierten Weine der Brüder Schauer auf etlichen Weinkarten der gehobenen Gastronomie finden.

Nach unserem Plausch und der Kostprobe müssen wir uns leider verabschieden. Wir wollen noch die Rieslinge abholen, die wir bei mehreren Weinbauern vorbestellt haben. Für die Verkostung, die demnächst bei Sabine im geheimen Weinkeller in Graz (Seite 246) stattfindet. »Edelschuh«, »Steinriegl« und »Gaisriegl« sind auf alle Fälle Fixstarter. Die fantastische Riesling-Trockenbeerenauslese »Höchleitn« vom Weingut Felberjörgl wird den krönenden Abschluss bilden.

www.sausal.at
www.weingut-schauer.at
www.felberjoergl.at
www.wohlmuth.at

DIE WAHRHEIT LIEGT IM WEIN

Erst tranken sie Sausaler Riesling,
dann schrie sie: »Du untreuer Fiesling!
Ich weiß doch, du hast mich betrogen,
von hinten bis vorne belogen!«

Ausführlich erfolgte die Beichte.
Es setzte zuerst nur ganz leichte,
dann immer festere Hiebe.
»Schluss! Aus! Vorbei mit der Liebe!«

Sie schimpfte und schrie sich in Rage.
Zu schmerzlich war die Blamage.
Die Axt, die traf ihn am Schädel.
Und fort war das wütende Mädel.

WEINGUT UND WEINGARTENHOTEL HARKAMP

In der Familie Harkamp geht es seit jeher sehr dynamisch zu, ihr Betätigungsfeld ist groß. Mitten am Flamberg im Sausal steht das Stammhaus, das von Heinz Harkamp als Hotel und Gasthaus betrieben wird und sich einer riesigen Fangemeinde erfreut. Bruder Hannes und seine Frau Petra zeichnen für das Weingut des Familienclans verantwortlich. Die Eltern der beiden Brüder sind nach wie vor voller Tatendrang und täglich im Familienbetrieb anzutreffen.

Hannes bewirtschaftet seit dem Jahr 1990 den Weingarten am Flamberg. Am Kogelberg hat er weitere Weinbauflächen erworben. Er keltert Weine, die ihre Herkunft ganz deutlich zeigen, viel Trinkfreude bereiten und geniale Speisenbegleiter sind. Die Riedenweine sind große Langstreckenläufer, die selbst mit hoher Reife fein und ausdrucksstark bleiben. Trinkgenuss pur! Seit dem Jahrgang 2018 sind alle Weine biologisch, ab dem Jahrgang 2019 biodynamisch zertifiziert. Auf den Etiketten der neuen Natural-Linie sind auch die Shropshire-Schafe verewigt, die während der Vegetationsperiode der Reben den Weingarten auf natürliche Art und Weise pflegen.

»Die besten Sekte macht der Harkamp«, hört man öfters in der Steiermark. Da können wir nur beipflichten. »10/84« wurde zum »finessenreichsten Sekt, der bisher in Österreich erzeugt wurde« geadelt. Unser Favorit ist »Zero Dosage«. Die Burgunderrebsorten Pinot Noir, Pinot Blanc und Chardonnay werden zu einem Grundwein verarbeitet, der in Holzfässern reift und nach der zweiten Gärung noch drei Jahre lang in der Flasche auf der Hefe bleibt. Und das Wichtigste: null Zugabe von Süße nach dem Degorgieren, also dem Entfernen des Hefedepots aus der Flasche. So bleibt der Sekt knochentrocken. Herrlich! Wie man auf dem Cover dieses Buchs erkennen kann, lieben wir auch den Rosé. Wie oft wir diesen während der vielen Monate unserer Produktion genossen haben, verschweigen wir lieber.

Unser Tipp: In der Villa Hollerbrand vorbeischauen, dort lagern die Weine und Sekte für den Verkauf. Eine Führung in die Römerhöhle, wo die Sekte im Kreidefelsen reifen, legen wir Ihnen ebenfalls ans Herz.

www.harkamp.at
Seggauberg

BIO-BETRIEB WUNSUM

Wir lieben das Sausal. Der spektakulären Landschaft und der speziellen Weine wegen. Deshalb fahren wir immer wieder gerne hin. Auch heute geht es im Genussmobil in den höchstgelegenen Weinbauort Europas, nach Kitzeck im Sausal.

Diesmal sind wir aber nicht nur in Sachen Wein unterwegs. Wir wollen auch den Biobetrieb Wunsum besuchen, der für seine romantischen Lavendelfelder bekannt ist, die größten in Österreich. Und für seine Erzeugnisse aus der duftenden Pflanze, die sich nicht nur in der Provence, sondern auch in der Südsteiermark sichtlich wohl fühlt.

In der Lavendelmanufaktur werden Tees, Liköre, Seifen, Öle, Essig und allerlei andere Produkte in Bioqualität hergestellt, die im Hofladen und über den eigenen Online-Shop vertrieben werden. Sabine greift zum Lavendelsalz, Lucija zum Lavendel-Most-Gelee und Claudia zum Lavendelsirup, der mit Mineralwasser oder Sekt aufgespritzt ein erfrischendes Sommergetränk abgibt.

Ein Highlight im Jahreslauf ist das Lavendelfest, das Wunsum veranstaltet. Dann kommen regionale Winzer, Landwirte, Künstler und andere Gäste zusammen, um bei Live-Musik mit allen Sinnen zu genießen.

www.wunsum.com
Kitzeck

ZIEGLERWIRT

Der Zieglerwirt der Familie Schweinzger in Lebring ist seit jeher ein Ort der Gastlichkeit, an dem wir immer wieder gerne einkehren. Bekannt ist das Wirtshaus für traditionell steirische Küche, wie sie sein sollte. Im Sommer sitzt es sich ganz entspannt im Gastgarten, im Winter im nicht minder gemütlichen Gastraum.

Heute genießen wir das Backhendl des Hauses. Ein Augenschmaus und allerfeinste Gaumenfreude. Außen kross und innen saftig, zerteilt in Stücke von genau der richtigen Größe. Perfekt!

Das Backhendl und die Steiermark gehören untrennbar zusammen. Wie die Käferbohnen und das Kürbiskernöl. Der Vogerlsalat und die Erdäpfel. Alles Grundnahrungsmittel für uns Steirer. Egal, ob wir aus dem alpinen Norden oder aus dem beinahe mediterranen Süden stammen. Hierzulande genießt das Backhendl Kultstatus und liefert gleichzeitig Stoff für hitzige Diskussionen. Ganz vortrefflich lässt es sich nämlich darüber streiten, wo genau es das beste Backhendl gibt. Der Zieglerwirt ist dafür ein ganz heißer Kandidat.

Wir gönnen uns noch eine Mehlspeise und – die Nichtautofahrer – ein Glasl aus dem gut sortierten Weinkeller. Für Weinempfehlungen fragen Sie am besten den Chef, der weiß, was Ihnen schmeckt.

www.zieglerwirt.at
Lebring

BIOWEINGUT WARGA-HACK

Wenn man auf der Wilhelmshöhe steht, einer Monopollage von Warga-Hack, und in das südsteirische Weinland bis nach Slowenien hinunterblickt, dann ergreift einen die einzigartige Schönheit dieses Gebiets. Hier in dieser archaischen, wildromantischen Umgebung keltern Rainer Hack und seine Frau Jasmin ihre Weine nach biodynamischen Prinzipien. Neben Ortsweinen und Lagenweinen entstehen auf dem Weingut Natural- und Orangeweine, die zum Besten gehören, was Österreich in diesem Bereich zu bieten hat.

Die Ortsweine mit dem Namen »Kitzeck-Sausal« weisen allesamt zarte Frucht, Mineralität und feine Säure auf, was dem Schieferboden geschuldet ist. Die Rebsorten, etwa der regionstypische Riesling, bringen wunderbare Tischweine hervor. Die Riedenweine verdanken ihren großartigen Ausdruck der anspruchsvollen Bearbeitung der Monopolrieden des Guts »Wilhelmshöhe« und »Pistor«. Als Drittes gibt es die Linie »NATURal & Maische«: aus purer Natur, streng selektioniert, nach alter Tradition im Halben oder Startin ausgebaut, unfiltriert und ungeschwefelt. Nix für Warmduscher.

Das alles und noch einiges mehr durfte Claudia während der Recherchen zu ihrem neunten Steirerkrimi »Steirerrausch« erfahren, der im Sausal angesiedelt ist und sich unter anderem mit biodynamischem Weinbau beschäftigt. Deshalb hat sich heute der ORF am Weingut der Warga-Hacks angekündigt. Claudia soll im Weingarten für »Studio 2« zu »Steirerrausch« befragt werden. Und zur Spuklegende, die im Sausal stattgefunden haben soll und die sie mit ihrem Kriminalfall verwoben hat.

Rainer wird zu seinen biodynamischen, Demeter-zertifizierten Weinen Rede und Antwort stehen und deren Besonderheiten erläutern. Dann werden wir uns eine Jause gönnen und die großartigen Weine genießen, ehe wir weiterfahren zu einer Buschenschank. Davor wandern wir aber noch in die Riede »Einöd«, die mit bis zu 100 Prozent Neigung zu den steilsten Weingärten der Welt zählt.

www.warga-hack.at
St. Andrä im Sausal

Der Klapotez

Dieses " Wahrzeichen d
Jakobitag (25. Juli) au
Martinitag (11. Novem
durch das Klappern die
...rte Gäste von

WEINWANDERUNG AM
SILBERBERG UND KOGELBERG

Ein herrlicher Spätfrühlingstag lockt uns in die Süd-steiermark zu einer weiteren Weinwanderung. Wir starten am Weinlehrpfad Silberberg. Die Fachschule für Obst- und Weinbau bildet seit rund einem Jahrhundert Obst- und Weinbauern mit viel praktischem Wissen aus. Schautafeln entlang der Serpentinen durch die Weingärten liefern interessierten Wanderern Informationen. Wir versuchen, Rebsorten nach ihrem Blatt zu identifizieren. Ein Rätselspaß, den Diplom-Sommelière Sabine auch gerne mit ihren Studierenden veranstaltet. Claudia muss leider passen und beschränkt sich lieber aufs Weinverkosten. Im Weingarten treffen wir dann auf den Kellermeister des Landesweinguts Silberberg, Klaus Fischer, der gerade bei seinen Reben Nachschau hält. Er wirkt zufrieden, das Weinjahr scheint ein gutes zu werden, auch wenn Hagelgewitter und zu viel oder zu wenig Niederschlag im Sommer und Herbst der Ernte noch zusetzen könnten.

Die Wanderung führt uns weiter in Richtung Kogelberg, wo wir fantastische Fotomotive vorfinden. Im Herrenhaus Haselbrunn, besser bekannt als Weingut

Kieslinger, legen wir eine Pause auf der Sonnenterrasse ein und gönnen uns ein Erfrischungsgetränk: Saft und Muskatellerspritzer.

Eine Spezialität des Weinguts ist die Kogelberger Wollschweinjause. Zu den Kogelbergern gehören Schwäbisch Hällische-, Mangalitza- und Duroc-Schweine, die hier ihr Refugium haben. Sie leben das ganze Jahr über im Freien, wachsen langsam heran, bekommen bestes Futter wie Kernölpresskuchen, Eicheln sowie Gerstenschrot und fühlen sich am Kogelberg sauwohl, bevor sie zu Köstlichkeiten verarbeitet werden. Ganz besonders delikat schmecken der Bauchspeck und der »steirische Thunfisch«. Dafür wird Filet vom Duroc-Schwein mit Gewürzen gebeizt und geräuchert, was danach aussieht wie feinstes Thunfisch-Sashimi.

Zurück am Ausgangspunkt unserer Wanderung, schauen wir noch in den Shop der Fachschule Silberberg, wo das Weinsortiment des Landesweinguts Silberberg angeboten wird. Vor allem brauchen wir Nachschub vom »Chardonnay Trebien«. Der Weingarten, in dem die Trauben dafür wachsen, ist nämlich der Tatort in Claudias Steirerkrimi »Steirerrausch«.

www.wollschweine.at
Kogelberg/Leibnitz

www.silberberg.at
Silberberg/Leibnitz

WEINGUT KODOLITSCH

Als wir im Weingarten am Kogelberg ankommen, strahlt Kellermeister Mario Weber über das ganze Gesicht. Grund zur Freude ist das Ergebnis der Weinlese. Wunderschöne Trauben in perfekter Reife mit intensivem Geschmack. Die besten Voraussetzungen für einen wunderbaren Wein. Die knorrigen 40 bis 50 Jahre alten Rebstöcke haben wieder einmal gezeigt, was in ihnen steckt. Aber auch die ganze Arbeit rund ums Jahr, der organische Dünger und die richtige Laubarbeit tragen im wahrsten Sinne des Wortes Früchte.

Es ist ein mehr als gelungenes Lesefinale an diesem 3. Oktober 2018. Fast vergessen sind die Strapazen der letzten Wochen. Der Herbst ist die intensivste Zeit im Jahr. Zum richtigen Zeitpunkt muss die Ernte oft an mehreren Stellen gleichzeitig eingebracht werden. Die Handarbeit verlangt alles ab in den kleinstrukturierten Gärten auf den steilen Weinhängen, die für die Steiermark typisch sind. Der Kellermeister kommt kaum zum Schlafen, die Trauben wollen unmittelbar nach dem Lesen sofort verarbeitet werden. Ist die Tagestemperatur hoch, wird sehr früh geerntet, damit die Frische erhalten bleibt. Zum Glück gibt es für Weinbaubetriebe ein verlässliches Wetterwarnsystem, auf das sie zurückgreifen können, denn niemand will mitten in der Lese vom Regen überrascht werden.

Mario Weber kann man durchaus als einen Shootingstar der steirischen Weinszene bezeichnen. Er hat am Weingut von Nikolaus und Christa Kodolitsch den Platz gefunden, der es ihm ermöglicht, weltmeisterliche Weine hervorzubringen. Seit 2010 ist er für die Ernte der Trauben und die Vinifikation, den gesamten Prozess rund um die Herstellung der Weine, verantwortlich und hat seither beachtliche Ergebnisse erzielt. Er ist Seriensieger bei der Landesweinbewertung und heimst regelmäßig Auszeichnungen der Fachpresse ein. Bisheriger Höhepunkt ist der Weltmeistertitel 2018, den er mit dem Sauvignon Blanc »Rosengarten Reserve T.M.S.« Jahrgang 2015 erringen konnte.

Seither heißt es schnell zuschlagen, will man von der Seggauberger Linie, den Rosengarten-Weinen, der TMS (»Trink ma selber«)-Serie oder vom wunderbaren Brut »Reserve« noch die erhoffte Menge bekommen.

Viermal im Jahr, wenn die jeweiligen Weinlinien in den Verkauf gelangen, öffnet das Weingut seine Türen und lädt zu »Wein und Kunst am Seggauberg« ein. Dann wird nicht nur der Wein in exquisitem Ambiente präsentiert, sondern auch hochwertiger Schmuck, Kunsthandwerk und Kunst von ausgesuchten Künstlern. Dazu wird die Mode von Christa Kodolitsch vorgeführt. Die kunstinteressierte Hausherrin, die ein großes Gespür für Interieur besitzt, was man unschwer an den geschmackvoll gestalteten Räumlichkeiten erkennen kann, entwirft nämlich auch ihre eigene Trachtenlinie mit sehr feinen, eleganten und wertvollen Unikaten. Innehalten und genießen, was das Leben so schön macht, lautet das Motto, dem wir uns sehr gerne fügen. Wein und Kunst, was für eine wunderbare Symbiose!

www.kodolitsch.at
Seggauberg

ÖLMÜHLE HARTLIEB

Kürbiskernöl hat große Tradition in der Steiermark. Und daher natürlich unzählige Fans. Nicht nur die Buschenschänken, Gastbetriebe und Haushalte der Steiermark verwenden es regelmäßig. Auch Auslandssteirer und viele Besucher der grünen Mark können meist nicht mehr ohne. Damit auch wirklich 100 Prozent reines und steirisches Kürbiskernöl auf den Teller kommt, gibt es einen Herkunftsschutz, der streng reglementiert, was sich Steirisches Kürbiskernöl g.g.A. (geschützte geografische Angabe) nennen darf.

Heute wollen wir erkunden, wie echtes Steirisches Kürbiskernöl aus den dunkelgrünen, dickbauchigen Kernen gepresst wird. Dazu reisen wir einmal mehr nach Heimschuh und treffen Thomas Hartlieb im Ölmuseum seiner Ölmühle. Er hat viel zu erzählen über sein traditionelles Handwerk, erklärt uns die Schritte vom »Plutzer« am Feld bis zum fertigen hochwertigen Kernöl. Sorgfalt steht bei der Produktion an erster Stelle. Die richtige Temperatur beim Rösten der vollreifen, getrockneten Kerne und die schonende Mahlung sind nur zwei der zahlreichen Details, auf die es

ankommt, um den unvergleichlichen Geschmack in die Flaschen zu bringen. Selbstverständlich wird nur kaltgepresst, um die wertvollen Inhaltsstoffe der Kürbiskerne zu bewahren, die bei zu großer Hitze verloren gehen würden. Auch in der Küche sollte das Öl niemals zu stark erhitzt werden, da es dann bitter schmecken würde.

Dass steirisches Kürbiskernöl nicht nur dem Genuss, sondern auch der Gesundheit äußerst zuträglich ist, ist wissenschaftlich belegt. Auch der Rückstand der Ölproduktion hat es in sich. Am Kernölpresskuchen delektieren sich vom Wollschwein bis zum Rotwild zahlreiche Tierarten.

Seit über 100 Jahren ist die Ölmühle Hartlieb in Familienbesitz. Die jetzige, noch arbeitende Mühle wurde im Jahr 1898 gebaut. Zwischenzeitlich war durch geänderte Wasserrechte ein Sägewerk die Haupteinnahmequelle der Familie. Doch längst ist man zu den Wurzeln zurückgekehrt und produziert wieder Öl. Der Hauptanteil der Produktion entfällt auf Kürbiskernöl, mehr als 200 Tonnen Kürbiskerne verarbeitet die Ölmühle im Jahr. Seit 2002 werden auch feine Öle aus anderen Saaten gepresst, mittlerweile über 24 verschiedene Sorten.

Für die Einrichtung des Museums, das der Mühle angeschlossen ist, war die Landesausstellung Wein 1986 in Gamlitz entscheidend. In der Region wurde damals nach weiteren attraktiven Programmpunkten für die zahlreichen Gäste aus Nah und Fern gesucht. Thomas' Vater überlegte nicht lange, richtete im Müllerhaus einen kleinen Museumsraum ein und öffnete die Türen für Besucher. Der Ansturm war enorm. Und so begann die erfolgreiche Geschichte des Museums, das mittlerweile ins Obergeschoß der Mühle übergesiedelt ist.

Wir bedanken uns bei Thomas für eine interessante und lehrreiche Stunde samt wohlschmeckenden Kostproben und decken uns im Shop mit Kürbis-, Trauben- und Marillenkernöl ein.

www.hartlieb.at
Heimschuh

WEINGUT STEFAN POTZINGER

Mit 5.000 Hektar Anbaufläche ist es um den Weinbau in der Steiermark gut bestellt. Mehr hat es seit über 100 Jahren hierzulande nicht mehr gegeben. Steirischer Wein will getrunken werden. Das ist unter anderem ein Verdienst des Vermarktungsvereins »Wein Steiermark«, dessen Obmann Stefan Potzinger wir heute auf seinem Weingut in Gabersdorf besuchen. »Wir sind kein Mickey-Maus-Anbaugebiet mehr«, betont er. Und die Weichen für die Zukunft sind gestellt. Das neue steirische Herkunftssystem (DAC – Districtus Austriae Controllatur) wird dem steirischen Wein weiteren Auftrieb verleihen, ist er sich sicher. »Denn so ist er im Ausland viel besser erklärbar und gewinnt an Profil.«

Starkes Profil zeigen auch seine eigenen Weine, gewachsen auf den besten Rieden in der Südsteiermark. Potzinger-Weine aus den Rieden »Sulz«, »Czamillonberg«, »Kaltenegg«, »Kittenberg«, »Steinriegel und »Kapun« stehen bei Weinliebhabern längst für herausragende Qualität. Rund 15 Hektar groß ist das Weingut, das Stefan in der vierten Generation bewirtschaftet. Unterstützt wird er dabei von seiner kongenialen Partnerin Heidi, der Diplom-Sommelière, und von Kellermeister Hans-Peter Wippel. Die fünfte Potzinger-Generation beobachtet das Treiben bereits aufmerksam. Auch wenn es noch in den Sternen steht, ob die beiden entzückenden Töchter des Hauses den Betrieb eines Tages übernehmen werden.

Stefan führt uns durch sein Weingut, zeigt uns den Reifekeller und sein Weinarchiv mit Schätzen aus aller Welt. Beim Verkosten erzählt er uns begeistert vom Jahrgang 2018, der für den steirischen Wein ein außergewöhnlich guter war. Wir dürfen uns auf viele spannende Weine freuen, verspricht er uns.

Zu guter Letzt gibt er uns noch einen heißen Tipp für eine besonders schöne Radtour, die an seinen Weingärten entlangführt.

Der Start liegt in der Riede »Sulz«, wo der legendäre Sauvignon Blanc »Joseph« wächst, einer der bekanntesten Weine der Steiermark. Weiter geht es zur Riede »Kaltenegg«, dann nach Oberglanzberg bis ans Ziel am Czamillonberg. Dass wir bei den vielen Verlockungen unterwegs dort jemals ankommen werden, können wir leider nicht versprechen.

www.potzinger.at
Gabersdorf

BIO-BUSCHENSCHANK OTTO KNAUS

Auf unserem Weg zum Bio-Buschenschank Knaus in Gamlitz pendeln wir heute im Genussmobil auf der Südsteirischen Weinstraße zwischen Österreich und Slowenien hin und her. Das Besondere an dieser Straße ist nämlich, dass sie direkt an der Grenze entlangführt und an manchen Stellen ins südliche Nachbarland hineinragt. Während sich der Fahrer in Österreich befindet, sitzt der Beifahrer in Slowenien. Was wir heute als amüsante Kuriosität betrachten, führte seit der Zerschlagung der Donaumonarchie im Jahr 1918 zu jahrzehntelangen Grenzkonflikten, die sich erst nach der Jugoslawienkrise und dem EU-Beitritt Sloweniens zunehmend entspannt haben.

Links und rechts der Straße reiht sich ein Weingut ans andere. Hier ein schmaler Weingarten, dort ein breiterer. Manche mit üppigem Grasbewuchs, einige näher am Waldrand, andere auf kargem Untergrund. Zwei Dinge haben sie in der Südsteiermark aber alle gemeinsam. Sie sind der Sonne zugewandt, und die Bewirtschaftung stellt eine Herausforderung dar. Wegen der steilen Lagen muss die Arbeit im Weingarten zum großen Teil mit der Hand erledigt werden.

Bei herrlichen Ausblicken übers Weinland holen wir uns Appetit auf eine Brettljause und landen schließlich bei Otto Knaus. Seit dem Jahr 2006 führt er den ersten Bio-Buschenschank in der Steiermark. Er war es auch, der den ersten veganen Wein des Landes auf seinem Bioweingut gekeltert hat. 2010 hat er dann die erste vegane Brettljause serviert, die sich seither großer Beliebtheit erfreut. Auch bei Nicht-Veganern wie uns.

Wir sitzen mit Otto in seinem wunderschönen Gastgarten und lauschen, was er über die Entwicklung des Bio-Weins in der Steiermark zu erzählen hat. Auch die Geschichte der Südsteirischen Weinstraße kennt er wie kaum ein anderer. Sein Vater war Obmann der Weinstraße, als diese vor rund 60 Jahren erbaut wurde. Davor hatten viele Höfe keine Zufahrt, waren kaum erreichbar und lagen somit im wirtschaftlichen Abseits. Heute ist davon glücklicherweise nichts mehr zu bemerken, zählt die Südsteirische Weinstraße doch zu den bekanntesten und meistbesuchten Regionen der Steiermark. Ottos Hof ist seit Jahrhunderten in Familienbesitz. Die wechselvolle Geschichte ist in einer prachtvollen Hauschronik festgehalten.

Ein wenig schlauer, satt und zufrieden brechen wir auf, um nach weiteren Aus- und Einblicken zu suchen. Unser Genussmobil hat sich inzwischen an der hauseigenen Ladestation gelabt.

www.biowein-knaus.at
Gamlitz

Wir haben uns vorgenommen, kleine feine Geschenke für liebe Freunde zu besorgen, was uns zu Renate Polz nach Grassnitzberg führt. Inmitten bester Weinrieden hat sie einen paradiesischen Schaugarten geschaffen, der zu jeder Jahreszeit einen Besuch wert ist. Herrlicher Kräuterduft und prachtvolle Farben empfangen uns. Augenblicklich fühlen wir uns entspannter, zufriedener, einfach glücklich. Schweigend, mit allen Sinnen genießend warten wir, bis Renate mit einer Flasche Sauvignon Blanc, gekeltert aus den Trauben des angrenzenden Weingartens Hochgrassnitzberg, aus dem Haus zurückkehrt. Einer unserer Lieblingsweine aus dem Sortiment des Familienweinguts, das zu den ganz Großen der Steiermark zählt. Die Familie Polz hat enorm viel zum nationalen und internationalen Erfolg der Steiermark als Weinbaugebiet beigetragen. Nicht umsonst finden sich auf jeder gut sortierten Weinkarte Weine vom Weingut Polz.

Renate ist ausgewiesene Gartenexpertin und ausgebildete Energetikerin. Mit den Kräften der Natur – Sonne, Wasser, Wind und Erde – versteht sie es, im Jahreslauf eine unglaubliche Pflanzenpracht in ihrem Garten zu schaffen, der sich auf vier Ebenen malerisch an den Weinhang schmiegt. Das umfangreiche Wissen, das sie über Jahrzehnte gesammelt hat, gibt sie gerne bei botanischen oder energetischen Führungen weiter. Der Duft im Rosengarten mit seinen historischen Rosenarten vermag uns ebenso zu betören, wie jener der längst vergessenen Kräuter- und Heilpflanzen. Zwischen knorrigen alten Olivenbäumen, Gemüseraritäten und Beeren genießen wir den herrlichen Ausblick über die sanft hügelige, vom Wein dominierte Landschaft.

Wir würden gerne noch länger verweilen, aber der nächste Termin wartet schon auf uns. Im Hofladen erstehen wir köstliche Kräutersalze und Chutneys, bevor wir aufbrechen. Zum Glück gibt es ja vier Jahreszeiten und daher viele gute Gründe, Renates Garten zu besuchen. Wir kommen bestimmt bald wieder.

www.polz-garten.at
Grassnitzberg

WEINGUT WERLITSCH

Heute trinken wir ein Glas vom »Glück«. Es steckt voller feiner Geheimnisse aus der Natur, die die Reben umgibt, und dem Boden, auf dem sie wachsen. Ob die Weintrauben glücklich sind, wenn der Weinbauer ihrem köstlichen Wein einen solchen Namen verpasst? Wer weiß?

Ewald Tscheppes Weine zählen zu den besten Weißweinen, die wir kennen. Weltweit. Frisch abgefüllt sind sie leise und zurückhaltend. Mit der Zeit entwickeln sie eine enorme Tiefe und Komplexität. Diese Weine laden ein, immer wieder einen Schluck davon zu kosten. Sie werden nicht müde, eher das Gegenteil, auch wenn die Weinflasche schon lange geöffnet ist.

Wir erinnern uns gerne an den letzten Besuch bei Ewald und Brigitte Tscheppe im Weingut Werlitsch in Glanz bei Leutschach am äußersten Winkel der südsteirischen Weinstraße, direkt an der slowenischen Grenze. Der Weingarten liegt an einem beeindruckend aufsteigenden Hang.

Morillon und Sauvignon Blanc wachsen dort, aber auch Welschriesling und Muskateller. Die Weine tragen die Bezeichnungen »Ex Vero I bis III«, »Welschriesling vom Opok«, »Freude« und eben »Glück«. Gearbeitet wird biodynamisch. Die Idee hinter den Weinen ist es, die Unterschiede der einzelnen Bereiche und der Böden im Weinberg ins Glas zu bringen. Die »Ex-Vero«-Weine beinhalten immer Sauvignon blanc und Morillon, der Unterschied liegt in der Lage der Rebstöcke. »Ex Vero I« kommt vom unteren Teil des Hanges mit mehr Morillon. Je höher hinauf man am Weinberg geht, desto höher der Anteil an Sauvignon Blanc-Rebstöcken. »Ex Vero III«

wächst an den steilsten und kargsten Lagen am obersten Teil des Hanges, wo die Reben praktisch ohne Humusauflage direkt mit den Opok-Böden verwurzeln.

Verwurzelt ist auch Ewald Tscheppe in der heimatlichen Erde. Er versteht, beschützt und bewahrt sie, damit er sie mit gutem Gewissen an die nächste Generation weitergeben kann.

Das Weingut Werlitsch ist Mitglied einer Wertegemeinschaft von fünf steirischen Winzern. Sie arbeiten mit einem ganzheitlichen Naturverständnis, bringen mit einem innovativen Stil lebendige Weine hervor, die neue Perspektiven im Weingenuss eröffnen. Dabei erfreuen sie sich einer Riesenfangemeinde in ganz Europa. Nach dem Motto »Schmecke das Leben bei Weingut Werlitsch, Weingut Andreas Tscheppe, Weingut Tauss, Weingut Strohmeier, Weingut Muster!«

www.werlitsch.com
Leutschach
www.schmecke-das-leben.at

WEINGUT LACKNER-TINNACHER

Die Gamlitzer Winzerin Katharina Tinnacher lädt uns heute zu einer Weingartenwanderung ein. »Wein erfahren können«, bietet sie ihren Gästen an, und das beginnt schon im Weingarten. Es lässt sich vortrefflich mit ihr zwischen alten Rebstöcken und an jungen Kulturen vorbeispazieren. Grandiose Aussichten inklusive. Schön, dass Katharina das mit uns teilt.

Katharina ist es wichtig, die Gärten biologisch und nachhaltig zu bewirtschaften. Der Großteil der Arbeit passiert im Weingarten, dafür sind später im Keller weniger Arbeitsschritte nötig. 100 Prozent Handarbeit und steile Weingärten stellen in der Bewirtschaftung eine ständige Herausforderung dar, das Motto »Kulturgut Steilstgärten« ist hier keine hohle Phrase. Eine Challenge ist auch das Wetter zwischen Alpen und Mittelmeer. Trotz aller Mühen ist hier der Ort, aus dem Katharina ihre Ener-

gie schöpft. Wie die Bienen um uns herum, die ihre Energie in köstlichen Honig umwandeln, den es am Weingut zu kaufen gibt.

Im und ums Winzerhaus finden sich herrliche Rückzugsorte zum Entspannen und Plaudern. Für den hohen Wohlfühlfaktor zeichnet Katharinas Schwester, die Architektin, verantwortlich. Vor allem aber sind es Katharinas Weine, die uns begeistern. Weine mit großer Strahlkraft, die zu einer intensiven Auseinandersetzung anregen oder einfach nur durch ihren Trinkfluss überzeugen.

»Wein entsteht immer im Kontext seiner Zeit«, erklärt uns Katharina. Und doch arbeitet sie im Keller nach denselben Prinzipien wie ihre Vorfahren. Spontangärung und eine lange Hefelagerung zeichnen die eleganten und exklusiven Weine aus, von denen pro Rebstock nur jeweils eine Flasche gekeltert wird. Jede Entscheidung, jeder Handgriff im Weingarten ist das Resultat ihrer Intuition und Erfahrung. »Davon sammle ich jedes Jahr mehr, und meine Weine werden zeitloser.« Das ist offenbar der Schlüssel zu ihrem Erfolg. »Wenn es heimisch schmeckt, dann geht das Herz auf.« Ganz besonders angetan haben es uns die Weine von der Riede »Steinbach« und der Riede »Welles«.

Katharina ist mit ihrem Weingut Mitglied der renommierten Steirischen Terroir- und Klassik-Weingüter (kurz STK). Zwölf Weingüter gehören dazu, jeder Eigentümer für sich ist ein herausragender Charakter mit prägendem Qualitätsdenken. Gegründet wurde die Initiative bereits von der Vätergeneration, heute wird sie von Persönlichkeiten weitergedacht, die sich von Kindheit an kennen und um den Wert des Miteinanders wissen.

www.tinnacher.at
Gamlitz
www.stk-wein.at

FORELLENSCHLUSS MIT PARADEISER UND PIKANTEM PFIRSICH

Fruchtig und feurig

Zutaten für 4 Personen:

2 Stück	Forellenschluss Blattsalat (Alternativ Römersalat)
4	reife Paradeiser
2	reife Tellerpfirsiche (Weingartenpfirsiche)
1	Gemüsezwiebel
200 g	Tischparmesan
	Thaibasilikum
1–2	rote und frische Chili, fein geschnitten
	schwarzer Pfeffer
6 EL	Sesamöl (zum Beispiel Fandler)
2 EL	Citrus-Balsamico (zum Beispiel Felix Weinstock)

Für das Dressing den Citrus-Balsamico, das Sesamöl, die fein geschnittene Chili, Salz, schwarzen Pfeffer und das Thaibasilikum gut vermischen. Am besten in einem kleinen Schraubglas mit Deckel, das man gut schütteln kann.

Den Salat waschen und in zweifingerbreite Stücke schneiden. Die Pfirsiche und die Paradeiser waschen und in dünne Spalten schneiden. Die Gemüsezwiebel halbieren und in Streifen schneiden.

Alle Salatzutaten in eine große Schüssel geben, das Dressing behutsam unterheben.

Den Parmesan darüberreiben. Sofort servieren und genießen.

Tipp: Das Dressing kann ein paar Tage lang im Kühlschrank im geschlossenen Glas aufbewahrt werden. Vor Verwendung wieder aufschütteln.

OCHSENHERZPARADEISER MIT SCHAFKÄSE

Ochs trifft Schaf

Zutaten für 4 Personen:

2	Ochsenherzparadeiser, nicht zu weich
250 g	Schafkäse nach Feta-Art (z.B. Mago)
	Salz, Pfeffer
	Oregano
	Thymian
1 EL	Traubenkernöl

Die Ochsenherzparadeiser in fingerdicke Scheiben schneiden, in einer Pfanne mit Traubenkernöl kurz anbraten und dann auf ein Backblech legen.

Den Schafkäse in Würfel schneiden, die Paradeiser damit belegen, würzen und auf der oberen Schiene im Backrohr bei ca. 200 °C Oberhitze überbacken, bis der Käse Farbe annimmt.

Mit Salz, Pfeffer, frischem Thymian und Oregano würzen.

> **Tipp:** Dazu passen Crostini. Einfach ein Baguette in Scheiben schneiden, im Rohr oder in einer Pfanne 3 – 5 Min bei 180 °C toasten bzw. rösten, mit Öl und nach Belieben mit geröstetem Knoblauch beträufeln.

PARMIGIANA

Mediterraner Klassiker und Kurzurlaub

Zutaten für 4 Personen:

600 g	Auberginen
500 g	passierte Paradeiser
	glattes Mehl und Sonnenblumen- oder Rapsöl zum Frittieren
3 EL	Olivenöl
400 g	Flaschenparadeiser frisch vom Markt oder aus dem Garten
200 g	steirischer Camembert (z.B. Aichstern)
50 g	Hartkäse zum Überbacken (z.B. Arzberger Tischparmesan) Basilikum und andere Kräuter nach Belieben

Die Auberginen in fingerdicke Scheiben schneiden und mit reichlich Salz bestreuen, senkrecht in ein Sieb schlichten und 20 – 30 Minuten abtropfen lassen. Das Salz entzieht Feuchtigkeit und einen Teil der Bitterstoffe. Anschließend gut abspülen und mit Küchenpapier trocken tupfen.

Die Auberginenscheiben in Mehl wenden und in einer Pfanne in reichlich erhitztem Öl goldbraun braten und auf Küchenpapier abtropfen lassen.

Die passierten Paradeiser im Olivenöl anschwitzen und auf die Hälfte ihres ursprünglichen Volumens einkochen, dann mit Salz und gehackten Kräutern würzen.

Camembert in dünne Scheiben schneiden. Das Backrohr auf 200 °C vorheizen und ein Backblech mit Backpapier vorbereiten.

Die Auberginenscheiben auf dem Blech verteilen, je einen EL Paradeisersoße darauf verteilen, eine Paradeiserscheibe darüberlegen, danach wieder eine Schicht Paradeisersoße zugeben, dann die Camembert-Scheiben auflegen. Mit geriebenem Tischparmesan bestreuen und im vorgeheizten Rohr bei 180 °C Oberhitze so lange überbacken, bis eine goldbraune Kruste entsteht.

Kurz auskühlen lassen, anrichten, mit Basilikum garnieren und lauwarm genießen.

ÜBERBACKENE TOPFENPALATSCHINKEN

Streicheleinheiten für den Gaumen

Zutaten für 4 Personen:

Palatschinken:

95 g	Steirerreis-Mehl
5 g	Traubenkernmehl
250 ml	Milch
2	Eier
	Salz
	Butter oder Öl zum Ausbacken

Fülle:

40 g	Butter
40 g	Kristallzucker
2	Eidotter
250 g	Topfen (20% Fett)
1 EL.	Steirerreis-Grieß
	geriebene Zitronenschale
50 g	Rosinen (eventuell in Süßwein oder Tresterbrand eingelegt)
	Vanillezucker
2	Eiklar

Guss:

250 g	Sauerrahm
4	Eidotter
1 EL	Vanillezucker
20 ml	Rum oder Tresterbrand
125 ml	Schlagobers
	Butter zum Ausbuttern der Backform
	Staubzucker zum Bestreuen

Palatschinken:

Die Zutaten zu einem Teig vermengen, für ca. 1 Stunde rasten lassen.

Eine kleine Pfanne mit der Butter oder dem Öl erhitzen. Mit einem Schöpfer wenig Teig eingießen, sodass der Pfannenboden gerade damit bedeckt ist, auf einer Seite backen, wenden und auf der anderen Seite fertig backen. Die restliche Palatschinken ebenso herstellen.

Fülle:

Die Butter mit Zucker schaumig rühren, die Eidotter zugeben und kurz weiterrühren.
Topfen, Grieß, geriebene Zitronenschale sowie Vanillezucker einmengen.

Die Eiklar nicht zu steif schlagen und mit den Rosinen unter die Fülle ziehen.

Guss:

Den Sauerrahm mit den Eidottern, dem Vanillezucker und dem Rum (oder Tresterbrand) verquirlen. Obers schlagen und leicht unterheben.

Die Topfenfülle gleichmäßig auf die Palatschinken verteilen, einrollen, halbieren oder dritteln und dachziegelartig in eine mit Butter ausgestrichene Auflaufform legen. Mit dem Guss übergießen und im vorgeheizten Backrohr auf der mittleren Schiene bei 200 °C Ober-/Unterhitze ca. 30 Minuten backen.

Mit Staubzucker bestreuen und servieren.

REGION GRAZ

#GENUSSIMGRÜNEN
#OBSTUNDGEMÜSE
#GRAZERKRAUTHÄUPTEL
#GANZSCHÖNSCHÖNHIER
#NAHERHOLUNG
#SPECKGÜRTELVONGRAZ
#LANDPARTIE
#PICKNICK
#HIERLÄSSTESSICHLEBEN
#OUTOFTOWN
#VIELPLATZZUMLEBEN
#FREIZEITPARADIES
#DURCHATMEN
#AUSGLUGINDIENATUR
#WIEWEITISTESNOCHNACHGRAZ

STEIRISCHER GEBIRGSVEREIN
· STUBENBERGHAUS ·

WWW.REGIONGRAZ.AT

LANDHAUS ROIS

Heute zieht es uns in den Speckgürtel nördlich der Genusshauptstadt Graz zum Landhaus Rois in Frohnleiten, wo wir Reinhard Rois in die Töpfe schauen dürfen. Sein Handwerk hat er in zahlreichen Lehr- und Wanderjahren von der Pike auf gelernt und verfeinert. In den besten Häusern Österreichs, Europas und in der Formel 1 war er als Koch beschäftigt. Seine heutige Pole Position ist die Küche des elterlichen Betriebes, den er vor mehr als einem Jahrzehnt übernommen hat.

Reinhard Rois ist ein Bär von einem Mann und strahlt große Ruhe aus. Er ist einer, der weiß, wie man seine Gäste einkocht. Wie man sie mit hervorragender Küche selbst im größten Ansturm am Wochenende begeistert. Seine riesige Fangemeinde nimmt selbst weite Anreisen in Kauf, um in seinem Restaurant zu speisen.

Reinhards Küchenlinie bringt die österreichischen Klassiker auf den Punkt. Er bereitet Gerichte zu, die man kennt und oftmals gegessen hat, doch verpasst er ihnen eine ganz besondere Note, einen noch feineren Geschmack.

Die Mousse von der Teichalm-Lachsforelle schmeckt noch edler als erwartet. Die Stollenkas-Suppe ist wunderbar sämig geraten mit dem zart würzigen Käse, der im Silberstollen gereift ist. Kalbsrahmgulasch oder Kalbsbeuschel will man nie mehr woanders essen, wenn man sie einmal von Reinhard Rois gekostet hat.

Ungeschlagen ist sein Spitzengericht, in der Szene auch »Signature-Dish« genannt: der weiß gedünstete Kalbstafelspitz mit feinsten Wurzelgemüsestreifen und Steirerkrennockerln. Dazu serviert er die obligaten Beilagen Apfelkren und Schnittlauchsoße. Mit Sicherheit gäbe es einen Aufstand, der weite Kreise ziehen würde, stünde dieses Gericht einmal nicht auf der Speisekarte. Wir würden uns diesem Aufstand glatt anschließen.

www.landhausrois.at
Frohnleiten

KALBFLEISCH VOM FEINSTEN

WEISS GEDÜNSTETER KALBSTAFEL-SPITZ MIT STEIRERKRENNOCKERLN

Spezialität des Landhauses Rois

Zutaten für 4 Personen:

Kalbstafelspitz:
1	Kalbstafelspitz zu ca. 700 g
1	Karotte
1	gelbe Rübe
1	weiße Zwiebel
1	kleine Stange Lauch
	Wacholder
	weiße Pfefferkörner
1	Lorbeerblatt
	Salz
	Butter
60 ml	Weißwein

Soße:
4	Schalotten
125 ml	Schlagobers
	Salz, Pfeffer
	Muskatnuss

Steirerkrennockerln:
200 g	Butter
4	Eier
240 g	weißes Toastbrot, frisch und entrindet
80 g	Mehl
80 g	Weizengrieß
80 g	Kren
	Salz, Pfeffer
	Muskatnuss

Frisch geriebener Kren und Schnittlauch zum Garnieren.

Tafelspitz:
Tafelspitz in Butter glasig anschwitzen und mit dem Wein ablöschen.

Den Wein einreduzieren und mit Wasser aufgießen, bis der Tafelspitz bedeckt ist.

Das Gemüse in feine Streifen schneiden und zusammen mit den Gewürzen beigeben, ca. 2 Stunden bei schwacher Hitze dünsten lassen. Sobald sich das Fleisch leicht von der Gabel löst, ist es fertig. Vom Herd nehmen und noch etwa 10 Minuten ziehen lassen.

Soße:
Mit den Schalotten, etwas Fond vom Tafelspitz und dem Obers eine Soße herstellen und aufschäumen.

Steirerkrennockerln:
Die Butter mit den Eiklar aufschlagen. Die Eidotter, das Weißbrot, das Mehl, den Grieß und den Kren vermengen.

Den aufgeschlagenen Schnee unterheben und mit Salz, Pfeffer und geriebener Muskatnuss abschmecken.

Mit zwei Esslöffeln Nockerln formen und in siedendem Salzwasser 2 Minuten kochen, dann ca. 30 Minuten ziehen lassen.

Tafelspitz in Scheiben schneiden, mit den Nockerln auf Tellern servieren, mit Soße umgießen und mit frisch geriebenem Kren und Schnittlauch garnieren.

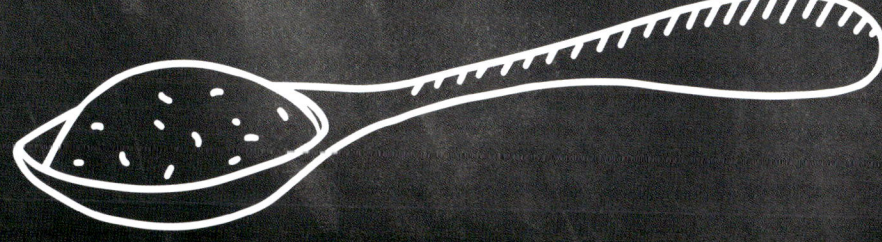

TEIGTASCHERL

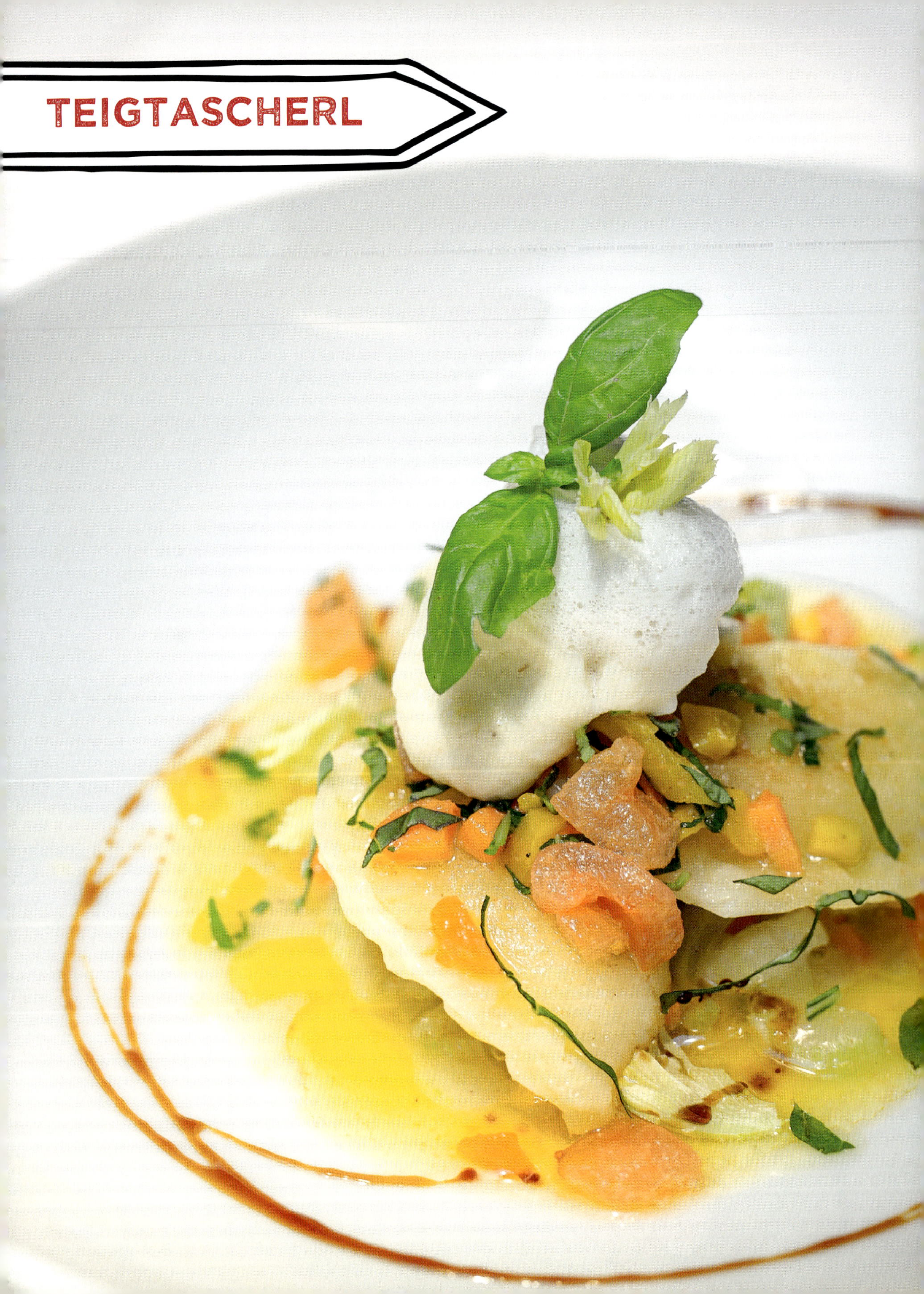

ALMENLAND
SCHAF-FRISCHKÄSE-TASCHERL

Nudelteig:
300 g Mehl
100 g Butter
150 g Sauerrahm
½ EL Essig

Fülle:
200 g Schaf-Ricotta (Frischkäse)
2 gekochte Erdäpfel (zur Bindung)

Gewürze nach Belieben:
Knoblauch (od. Bärlauch)
Minze
Kerbel
Petersilie
Schnittlauch
Salz, Pfeffer

Zum Fertigstellen:
ca. 50 g Butter
1 EL Olivenöl
Arzberger Stollenparmesan

Nudelteig:
Alle Zutaten miteinander verkneten und mindestens 1–2 Stunden bei Zimmertemperatur rasten lassen.

Anschließend ca. 2 mm dick ausrollen und mit einer Form oder dem Rand eines Glases (Durchmesser ca. 6 cm) kreisrund ausstechen.

Fülle:
Alle Zutaten miteinander vermengen und mit den Gewürzen abschmecken.

Tascherl:
1 EL Frischkäsefülle mittig auf den ausgestochenen Teigstücken platzieren, zusammenklappen und an den Rändern fest zusammendrücken.

Anschließend die Tascherln in leicht gesalzenem Wasser für ca. 3 Minuten kochen und danach in dem Olivenöl und 1 EL Butter vorsichtig goldbraun braten.

Die restliche Butter bräunen und Tascherln damit übergießen. Je nach Gusto Arzberger Stollenparmesan darüberhobeln.

Als Beilagen passen saisonale Gemüse oder Salate.

Tipp: Käserinden nie wegwerfen! In Soßen mitgekocht, verstärkt die Rinde den Geschmack.

Als die Pölzers im Jahr 1990 den idyllischen Hof in Brodingberg bei Eggersdorf kauften, wussten sie noch nicht, dass aus ihrem Hobby, der Essigherstellung, eine Erfolgsgeschichte werden würde. Wer Tino Pölzer kennt, weiß jedoch, dass die Nachfrage nach seinen Produkten das Ergebnis konsequenter und akribischer Arbeit ist.

Heute wird er uns zeigen, wie er seinen feinen, milden Essig herstellt, der mittlerweile bis nach Japan verkauft wird. Wir dürfen das Herzstück der Produktion, die Essigmaschine, besichtigen. Bevor wir allerdings in die heilige Halle vorgelassen werden, erfahren wir erst einmal einiges über die Philosophie der Produktion im Kreislauf der Natur und über die autarke Arbeitsweise, die im Betrieb gelebt wird. Der ist bereits seit 1994 biozertifiziert. Nachhaltigkeit ist den Pölzers für sich selbst und die nachfolgenden Generationen sehr wichtig.

Begonnen hat alles mit 160 Apfelbäumen, die auf den Streuobstwiesen rund um das Haus gepflanzt wurden, verschiedene heimische Sorten zur Erhaltung der Artenvielfalt. Immer wieder kommen junge Kulturen mit regionalen Arten hinzu, zuletzt zum Beispiel die Schafnase, die wieder sehr gefragt ist. Der Ertrag wird zu köstlichen Produkten verarbeitet. Zugekauft wird von Partnern aus der Umgebung. Dabei setzen die Pölzers auf langfristige faire Partnerschaften.

Das Geheimnis des feinen Geschmacks der Essige liegt, oder besser schwebt, im Inneren der Essigmaschine, erklärt uns der Firmenchef. Arbeitsfreudige Essigbakterien wandeln die Alkohole in aller Ruhe in Wasser und Essigsäure um. Slow Food im wahrsten Sinn des Wortes. Danach reifen die Essige noch bis zu einem Jahr in Edelstahltanks oder Holzfässern, bevor sie schonend gefiltert und abgefüllt werden.

Beim Rundgang im Betrieb zeigt uns Tino Pölzer imposante Maschinen, die älteste aus dem Jahr 1940. Anderswo hätten sie längst ausgedient, hier bekommen sie alle durch geschickte Mechanikerhände immer wieder neues Leben eingehaucht. Im Sinne der Nachhaltigkeit setzt der leidenschaftliche Wiederverwerter auch gerne selbst den Schraubenschlüssel an.

Nach der Besichtigung der Produktionshalle geht es in den Verkostungsraum, wo wir von den feinen Balsamessigen und Trinkessigen probieren dürfen. Auch der Senf schmeckt uns fantastisch.

www.essigkultur.at
Eggersdorf

MONIS NUDELMANUFAKTUR

M it dem Rezept der Oma im Gepäck ist Monika Grausgruber einst aus Osttirol in die Steiermark gekommen, um den Steirern zu zeigen, wie man g'scheite Schlipfkrapfen macht. Ein Haus mit einer Produktionsküche war rasch gefunden, und zwar in Gratkorn. Binnen kürzester Zeit wurde mit ihrem Partner ein wohlüberlegter »Schlipfkrapfen-Businessplan« erstellt, und los ging's. Es kam, wie es kommen musste: Monis Idee, frische Nudeln wie hausgemacht zu produzieren, trifft den Nerv der Zeit und wurde zum Erfolg.

»Konzentriert auf das Wesentliche«, beschreibt Moni sich selbst. Wenn es in der Küche einmal schnell gehen muss, der persönliche Anspruch aber nach Qualität verlangt, hat sie stets die wohlschmeckende Lösung parat. Jedes Stück Teigware bei Moni ist in Handarbeit gefertigt. Die Zutaten stammen von ausgewählten Partnern aus der Region. Eine Ausnahme bildet der Fleischer Mühlstätter aus ihrer alten Heimat, der für sie spezielle Ingredienzien herstellt.

Seit 2016 hat Moni größere Produktionsräume gemietet und somit Platz, auch für Handelspartner zu produzieren. Etwa für das Kaufhaus Loder in Kumberg oder Hubmann in Stainz, wo wir Stammkunden sind und Monis köstliche Nudeln entdeckt haben.

Die Rote-Rüben-Ravioli sind der Hit! Unangefochtener Bestseller sind noch immer die Schlipfkrapfen in ihrem mittlerweile beachtlichen Sortiment, das von pikant bis süß reicht. Gut, dass sie es geschafft hat, uns Steirer von ihren Köstlichkeiten zu überzeugen.

www.monis.eu
Gratkorn

BIO-IMKEREI GRUBER

Beim Bio-Honigbrot zum Frühstück fragen wir uns, wo eigentlich die fleißigen Bienen ihre Zutaten sammeln, und woher sie wissen, was »bio« ist? Einen kurzen Anruf später ist unser Besuch in der Bio-Imkerei Gruber in Gratwein-Straßengel vereinbart.

Seit über vier Jahrzehnten wird hier das Imkereihandwerk ausgeübt. Biozertifiziert ist der Betrieb seit Mitte der 1990er-Jahre. Unsere erste Frage an die beiden Imker Anton und Andreas Gruber lautet, wie der Honig garantiert biologisch sein kann? Die Bienen lassen sich in ihren Flugzielen natürlich nicht einschränken, die suchen sie sich selbst. Dabei sind die arbeitsamen Tiere recht wählerisch. Umso bedeutsamer ist es, wo die Bienenstöcke aufgestellt werden. »Bio« im Honig bedeutet vor allem die natürliche Pflege der Bienen rund ums Jahr, erfahren wir. Auch das Material der Bienenstöcke und das Futter im Winter sind wesentlich.

Die beiden Imker erklären uns auch den Jahresablauf der Bienen. Das Bienenleben im Freien beginnt traditionell zu Petri Stuhl, am 22. Februar. Nach der Überlieferung geht dann der Bienenvater zu seinen Stöcken und klopft an. Heutzutage ist das »Bienen-Aufsperren« in der Imkerei ein willkommener Anlass für eine gesellige Zusammenkunft.

Die folgenden Frühjahrs- und Sommermonate sind geprägt vom Kreislauf der Blüte in der Natur. Für Akazien-, Wiesenblüten-, Kastanien- und Waldhonig muss der Imker mit seinen Bienen weite Strecken reisen. So übersiedeln die Stöcke zum Beispiel für den Kastanienhonig nach St. Stefan ob Stainz, wo die Bienen die besten Kastanienblüten als Futterquelle vor Augen haben.

Was uns bei der Verkostung begeistert, sind die vielen unterschiedlichen Gewürz- und Cremehonige, die nicht nur pur köstlich schmecken, sondern auch als Backzutaten in der Küche überzeugen.

www.biogruber.at
Gratwein-Straßengel

HANDBRAUEREI FORSTNER

Seit Anfang der 2000er-Jahre gesellen sich zu den bekannten Bieren aus den großen heimischen Brauereien nach und nach Biere aus kleinen, meist familiengeführten Brauhandwerksbetrieben. Heute gibt es in allen Regionen der Steiermark ein riesiges Angebot an unterschiedlichen Biertypen und -sorten von unabhängigen Brauereien. Die erste Begegnung mit diesem sogenannten Craftbier hatte Sabine mit einem Forstner Bier aus Kalsdorf, wo wir heute zu Besuch sind.

Bei unserer Ankunft kocht Chefin Elfie Forstner-Scholl gerade die Würze. Da hier konzentriertes und genaues Arbeiten wichtig ist, ziehen wir uns in die gemütliche Stube zurück und verkosten inzwischen das aktuelle »Slow 2«. Bei einer Exkursion mit einer Gruppe Studenten der Universität der gastronomischen Wissenschaften aus Pollenzo hatte Manfred Flieser (Slow Food Styria) vor mehr als zehn Jahren die Idee für ein helles Roggen-Ale, das Gerhard Forstner danach braute. Mit seinen fruchtigen Geschmackskomponenten und feinherbem Nachtrunk erfreut es sich großer Beliebtheit und ist mittlerweile fest im Sortiment verankert.

»Die Kunst ist nicht, viele Biere zu machen, sondern viele Biere zu machen, die eigenständig sind. Jedes Bier braucht eine Seele«, meint Elfie, als sie sich zu uns gesellt. Das Brauhandwerk hat sie von ihrem Mann Gerhard gelernt, der die Brauerei im Jahr 2000 gründete. Von einer Belgien-Reise mit Bierpapst Conrad Seidl brachte er eine Fülle von Ideen mit und setzte diese um, was sich in national und international hochprämierten Bieren manifestieren sollte. Leider verstarb Gerhard viel zu früh. Seit 2014 lebt Elfie sein Vermächtnis weiter und braut und braut und braut.

Sie unterscheidet ihre Biere nach Tagesbieren wie das »Blond Ale«, Trendbieren wie das »Chilli Hot Beer«, Starkbieren wie das »Brewsecco« und Saisonbieren wie das »Bonifatius Barrique«, das in Rotweinfässern reift. So umfangreich das Sortiment auch ist, jedes Bier hat schmeckbar seinen eigenen Charakter. So zieht Elfies Fange-meinde immer weitere Kreise. Sommeliers und Gastronomen lieben ihre vielfältigen Biere, die sich hervorragend als Speisen-begleiter eigenen. »Lucky Ginger« zum Bei-spiel ist ein köstlicher Partner zu aromati-schen Speisen.

Unser Liebling: »Brewsecco« nach einer Idee von Gerhard Forstner und Hauben-koch Willi Haider (Seite 257). Ein extrava-gantes helles Starkbier, von dem jeweils nur rund 200 Flaschen pro Charge in Sekt-flaschen gefüllt werden. Sie ruhen einen Monat lang, um danach in der Sektmanu-faktur von Hannes Harkamp (Seite 160) im südsteirischen Sausal degorgiert, also von der Hefe getrennt, zu werden. Herrlich fruchtig, wunderbar prickelnd.

www.forstner-biere.at
Kalsdorf

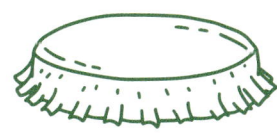 

GRUBER HOFLADEN

Neuerdings gibt es eine Nudel, die dem Uhrturm am Grazer Schloßberg nachempfunden ist. Wir wollen wissen, wer für diese Kreation verantwortlich zeichnet, und werden bei Familie Gruber in Stattegg fündig. Tausende gackernde, ganz offensichtlich glückliche Hühner empfangen uns. Einige von ihnen genießen gerade die Vormittagssonne. Andere streiten sich um die besten Würmer. Es ist ein Spätsommertag, den die Hendln in ihrem weitläufigen Areal genießen. Hochsommerliche Tage verbringen sie lieber im kühleren Stall.

Seit einigen Jahren werden hier am Hof die Eier der freilaufenden Gruber-Hendln nicht nur frisch verkauft, sondern auch zu Nudeln verarbeitet. Frau Gruber berichtet, dass alles mit herkömmlichen Suppen- und Bandnudeln begonnen hat. Schon bald kamen weitere Formen und Geschmacksvariationen hinzu. Zutaten gibt es am Hof in Hülle und Fülle: Kürbis, Dinkel, Roggen und Weizen wachsen auf den eigenen Feldern.

Die Uhrturmnudeln haben voll eingeschlagen, sie sind ein beliebtes Mitbringsel aus Graz. Nicht nur im Hofladen der Grubers sind sie erhältlich, sondern auch in ausgewählten Greißlereien in und um die Landeshauptstadt. Die Form, den Uhrturm zum Essen, hat sich Frau Gruber patentieren lassen wie viele andere Sorten. Die Bauernhoftiere als Nudeln gefallen nicht nur den Kleinen, und die Hanf- und Chilibandnudeln finden sich gemeinsam mit den Uhrbandnudeln in Sabines Lieblingspasta wieder.

Für Selbstabholer gibt es übrigens direkt beim Hühner-Wintergarten einen Eierautomaten, der rund um die Uhr frischen Nachschub liefert.

120 Merinoschafe leben ebenfalls auf dem Bauernhof der Grubers, der bereits im Jahr 1460 urkundlich erwähnt wurde. Und das so nahe am Stadtzentrum. Paradiesisch!

www.gruber-hofladen.at
Stattegg

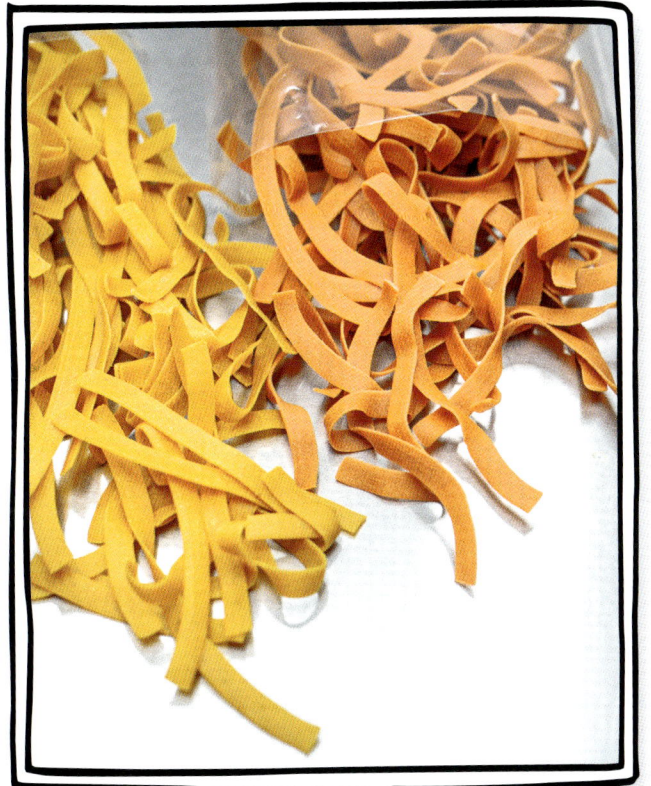

 # KRIMI: SCHADE UM DIE NUDELN

Heute gab es die Schafkäsenudeln, die sie früher immer im Restaurant Starcke Haus gegessen hatten. Ihrer beider Lieblingsgericht war das gewesen. Wenigstens darin waren sie sich auch heute noch einig. Ansonsten schon lange nicht mehr. Trotzdem konnte sie sich nicht von ihm scheiden lassen. Wegen diesem verfluchten Ehevertrag, den sie damals unterschrieben hatte. Sie würde mit nichts auf der Straße stehen.

Schweigend las er die Zeitung, nahm einen Schluck Craftbier, rülpste ausgiebig, während sie die Chilibandnudeln ins kochende Salzwasser gab. Als es an der Tür klingelte, blickte er ärgerlich auf. »Erwartest du wen?«

Sie zuckte mit den Schultern, schaltete die Herdplatte ab und wandte sich um. »Vielleicht hat die Nachbarin wieder mal vergessen, Milch oder Eier einzukaufen«, sagte sie und verließ gut gelaunt die Küche.

An der Haustür ging alles ganz schnell. Sie sah dem Maskierten direkt in die vertrauten Augen, spürte noch, wie seine Faust sie mitten im Gesicht traf, hörte ihre Nase knirschen. Wahrscheinlich war sie gebrochen. Im nächsten Moment kehrte Stille ein.

Sie erwachte gefesselt und geknebelt. Es fiel ihr leicht, die lockeren Fesseln zu lösen. Außer ihrer Nase schien alles in Ordnung zu sein. Nur das Haus war verwüstet, alles umgedreht. Und ihr Mann lag tot in der Küche. Mit einem Loch in der Schläfe. Blutspritzer überall. Lächelnd nahm sie ihr Handy vom Küchentisch, wählte 133. Ihr neues Leben hatte soeben begonnen. Was war da schon ein gebrochenes Nasenbein?

HÜHNERSUPPE VOM WILDKRÄUTERHUHN MIT NUDELN

Seelentröster und Grippemittel

Zutaten für 4 Personen:

Suppe:

1	ganzes Wildkräuterhuhn (um die 2,5 kg) von Familie Roßmann in Eggersdorf
300 g	Wurzelwerk (Karotten, gelbe Rüben, Petersilienwurzel, Sellerieknolle)
2 – 3	Lorbeerblätter
	Pfefferkörner
	Petersilienstängel
	Salz

Einlage:

ca. 120 g	Nudeln (Faden- oder Motivnudeln) etwas Wurzelwerk von den Suppenzutaten abzweigen: Karotte, Pastinake, Petersilwurzel, Sellerie, Lauch etwas Schnittlauch zum Garnieren

Suppe:

Das Wildkräuterhuhn ist doppelt so groß, wie ein herkömmliches Suppenhuhn. Aus einem Hendl können 3 – 4 verschiedene Speisen zubereitet werden. Die Brust und Keulen tranchieren, kühlen und als eigenständige Speisen zubereiten.

Die Karkasse samt Haut zerteilen und mit dem Hühnerklein in einem großen Topf mit etwa 3 l kaltem Wasser zustellen.

Das Wurzelwerk grob putzen, in Scheiben oder Würfel schneiden mit den Gewürzen in den Topf geben.

Suppe einmal aufkochen und anschließend bei mittlerer Hitze für ca. 2 Stunden köcheln lassen. Dabei den Schaum an der Oberfläche immer wieder abschöpfen. Die Suppe kann kräftig einkochen, das verstärkt den Geschmack.

Die Karkasse entnehmen, Fleisch vom Knochen lösen und als Einlage verwenden. Die Suppe zuerst durch ein grobes Sieb, anschließend durch ein Haarsieb oder ein feines Nylonsieb passieren.

Einlage:

Nudeln laut Packungsanleitung kochen.

Aufbewahrtes Wurzelgemüse in sehr feine Streifen schneiden (Julienne) und in kochendem Wasser kurz blanchieren und abseihen. Die Streifen sollen sehr knackig sein, da sie später in der Suppe noch etwas nachziehen.

Schnittlauch zum Garnieren fein schneiden.

Nudeln, Gemüsestreifen und nach Belieben Hühnerfleisch in vorgewärmte tiefe Teller geben und mit Suppe übergießen.

Mit dem Schnittlauch bestreuen.

Tipp: Das wunderbare Wildkräuterhuhn ist von Haus aus sehr aromatisch. Um dieses Aroma zu bewahren, die Suppe ohne Salz kochen und erst kurz vor dem Servieren oder besser am Tisch salzen, falls überhaupt notwendig.

SABINES SCHAFKÄSENUDELN

Die Spezialität des Starcke Hauses, »Signature Dish« und Topseller,
als Sabine seinerzeit das Restaurant führte.

Zutaten für 4 Personen:

500 g	Bandnudeln selbstgemacht oder fertig gekauft (z. B. vom Hofladen Gruber in Stattegg)
6 – 8 EL	Olivenöl
200 g	Schafkäse Feta-Art aus der Region (z. B. Mago)
1 kl. Glas	halbgetrocknete eingelegte Paradeiser (z. B. vom Bauernladen Gerlitz in Graz), grob geschnitten
½ Bund	Jungzwiebeln, in feine Scheiben geschnitten
	Frische Kräuter zum Garnieren (Petersilie, Basilikum, Thymian, Wildkräuter etc. nach Belieben)

Kürbiskern-Pesto:

20 g	Kürbiskerne
20 g	Pinienkerne
2	Knoblauchzehen
100 g	Basilikum oder Rucola
½ Bund	Petersilie
100 ml	Kürbiskernöl
2 EL	Zitronenbalsamessig (wahlweise etwas Zitrone)
	Salz; rosa Pfeffer

Kürbiskern-Pesto:

Die Kürbiskerne in einer Pfanne rösten und abkühlen lassen. Mit einer Küchenmaschine (Kutter) die Kürbiskerne mit den Pinienkernen und dem Knoblauch zerkleinern. Petersilie und Basilikum oder Rucola hinzufügen und zerkleinern.

Das Kürbiskernöl und den Essig einrühren und mit Salz und Pfeffer abschmecken.

Eine große Pfanne mit tiefem Boden erhitzen, das Öl hineingießen und die Jungzwiebeln darin anschwitzen. Die geschnittenen Paradeiser dazugeben.

In der Zwischenzeit in einem großen Topf die Nudeln al dente kochen, abseihen und in die Pfanne geben.

Das Pesto vorsichtig einrühren und langsam erhitzen. Schafkäse mit der Hand in grobe Würfel teilen.

Den Schafkäse ganz kurz in die Pasta unterheben, damit er nicht schmilzt und auf Tellern anrichten. Mit frischen Kräutern nach Wahl garnieren.

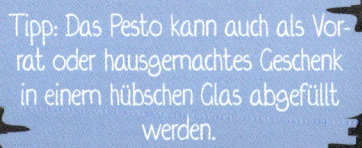

Tipp: Das Pesto kann auch als Vorrat oder hausgemachtes Geschenk in einem hübschen Glas abgefüllt werden.

SCHINKENFLECKERL ÜBERBACKEN

Ein Lieblingsrezept von Haubenkoch Willi Haider

Zutaten für 4 Personen:

250 g	Fleckerlnudeln
2 EL	Butter oder Öl
100 g	Zwiebeln, fein geschnitten
250 g	Geselchtes vom Schinken oder Schopf
	klein geschnitten
125 ml	Schlagobers (flüssig)
	Salz, Pfeffer
	gehackter Schnittlauch
1 EL	Sauerrahm
1	Eidotter
1	Eiklar
40 g	Bergkäse, gerieben
	Paprikapulver edelsüß

Die Fleckerln in reichlich Salzwasser bissfest kochen, kalt abschrecken und gut abtropfen lassen. Die Zwiebeln mit Butter oder Öl in einem Topf andünsten und das Geselchte zugeben, kurz mitrösten und mit ca. 100 ml Obers aufgießen. Die Fleckerln zugeben und einige Minuten einkochen lassen. Mit Salz, Pfeffer und Schnittlauch kräftig abschmecken.

Vom Feuer nehmen, den Sauerrahm, das restliche Obers sowie Dotter verrühren und unter die Schinkenfleckerln mischen, aber nicht mehr kochen! Das Eiklar mit einer Prise Salz halbsteif schlagen und unter die etwas abgekühlte Masse rühren. In eine gebutterte Form füllen, mit dem Käse sowie dem Paprikapulver bestreuen und im vorgeheizten Rohr auf der obersten Schiene bei Grillfunktion (oder starker Oberhitze) ca. 3 – 4 Minuten goldgelb überbacken.

Mit einem knackigen Salat nach Wahl servieren.

KRAUTFLECKERL Vegan!

Zutaten:

250 g	vegane Fleckerlnudeln
250 g	Kraut, in gleichgroße Vierecke
	wie die Fleckerlnudeln geschnitten
	Salz, Pfeffer
	Kümmel nach Belieben
1 TL	Zucker
1	Zwiebel
ca. 125 ml	Gemüsefond
	beliebige Kräuter zum Garnieren

Das Kraut mit Salz und Kümmel vermischen und etwa 1 Stunde ziehen lassen.

Eine Pfanne erhitzen und den Zucker darin hell karamellisieren. Die fein geschnittene Zwiebel beigeben und durchrösten.

Das Kraut einrühren und ebenfalls mitrösten. Bei Bedarf mit etwas Suppe oder Wasser aufgießen.

Mit Salz, Pfeffer und Kümmel gut würzen und das Kraut ca. 30 Minuten kernig dünsten (dabei eher trocken als zu flüssig anrösten).

Die gekochten Fleckerln in die Pfanne einrühren und abschmecken, mit frischen Kräutern garnieren.

GRAZ

#GENUSSHAUPTSTADT
#KULTURHAUPTSTADT
#MURMETROPOLE
#CITYOFDESIGN
#UNIVERSITÄTSSTADT
#LANGETAFEL
#AUFSTEIRERN
#SCHLOSSBERG
#ADVENTSTADT
#TRÜFFELN
#VISITGRAZ
#IHAVETHISTHINGWITHGRAZ
#GRAZAUSTRIA
#BESTCITYBREAKS
#LOVEMYCITY
#BESTPLACESTOGO
#HERZENSSTADT
#GEHEIMERWEINKELLER
#GENUSSCOACH
#HAUPTSTADTMITFLAIR
#MEINSOMMERINGRAZ
#JOMIRSANMIMRADLDO

WWW.GRAZTOURISMUS.AT

RESTAURANT
GENIESSEREI AM MARKT

Die »Genießerei« ist wahrscheinlich der einzige Marktstand mit Koch, Küchen- und Servicebrigade. An Markttagen wird hier von früh bis spät gekocht. Das Küchenkredo ist im wahrsten Sinn des Wortes naheliegend: »Wir kochen, was der Markt hergibt.« Mittags kann in der »Genießerei« aus verschiedenen marktfrischen Spontankreationen gewählt werden, solange der Vorrat reicht. Auf den Tisch kommt, was auf dem Markt eingekauft wurde. Speisekarte gibt es keine. Die Tagesangebote stehen auf der Tafel am Eingang und werden gerne vom Serviceteam erläutert. Jeder Markttag bringt neue Einkäufe und Gerichte.

Besonders gesellig geht es in der »Genießerei« an Samstagvormittagen zu, wenn am Kaiser-Josef-Markt turbulentes Treiben herrscht. Die Einkaufstaschen vollbepackt, haben wir uns eine Stärkung redlich verdient. Sogleich treffen wir bekannte Gesichter, ohne uns vorher verabredet zu haben, und tauschen uns aus, welche Boden-, Feld-, Fluss-, Wald- und Wie-

senschätze wir heute erstanden haben. Drinnen bietet die »Genießerei« bis zu 30 Gästen Platz. Uns macht es Spaß, das handwerkliche Geschick der Köche zu bewundern, die hier auf engstem Raum die Gerichte zaubern.

Gerade ist Walter Triebl, der Kopf des Teams der »Genießerei am Markt«, am Werken. Walter ist spontan, kreativ und trotz seiner jungen Jahre kein Unbekannter in der Küchenszene, hat er doch schon das Siegerpodest beim Kochwettbewerb »Junge Wilde« erklommen und es beim Fernsehformat »Kitchen Impossible« geschafft, Tim Mälzer eine unlösbare Aufgabe zu stellen. Seine Küche birgt auf jeden Fall Suchtpotenzial und ist eine wunderbare Bereicherung für die steirische Kulariklandschaft.

Ein besonderer Tipp in der »Genießerei« sind die Marktdinner: An ausgewählten Abenden werden fabelhaft abgestimmte Gerichte in zehn Gängen serviert. Ein kleines, feines Sortiment an steirischen Weinen, vorzugsweise aus dem Vulkanland, Walters Heimat, ergänzt die Kuchenlinie perfekt. Ohne Reservierung keine Chance auf einen Platz!

Die »Genießerei am Markt« gehört übrigens zum Imperium der Familie Grossauer, Robert Grossauer und Christof Widakovich zeichnen als Geschäftsführer verantwortlich. Die beiden haben in den letzten Jahren mit den unterschiedlichsten Restaurantkonzepten viel frischen Wind in die Grazer Gastronomie gebracht. Dank ihrer Bodenhaftung und empfindlichen Antennen für Trends.

www.geniessereiammarkt.at
Kaiser-Josef-Markt

BÄRLAUCH-GAZPACHO MIT SAURER KARTOFFEL

Frisch aus der »Genießerei am Markt«

Zutaten für 4 Personen:

Gazpacho:

300 ml	Hühnerfond
200 ml	Buttermilch
70 g	Bärlauch
	Salz, Pfeffer
1 Prise	Zucker
1 EL	Zitronensaft

Saure Kartoffel:

4	Kartoffeln
1	Zwiebel
1	Knoblauchzehe
100 ml	Weißwein
1 EL	Balsamico weiß
	Salz, Pfeffer
	Kümmel
	Majoran
1	Lorbeerblatt
300 ml	Hühnerfond

Garnitur-Empfehlung (erlaubt ist, was schmeckt und gefällt):
Brotchips
Ziegenfrischkäse
eingelegte Bärlauchwurzel
Karamellisierter Bärlauch
Radieschen
Frühlingskräuter

Gazpacho:
Alle Zutaten mixen, sanft erwärmen und abschmecken.

Saure Kartoffel:
Die gehackten Zwiebel und eine kleinwürfelig geschnittene Kartoffel mit dem Knoblauch und den Gewürzen anschwitzen, mit Wein und Essig ablöschen, mit dem Hühnerfond aufgießen und auf die Hälfte reduzieren, alles durch ein Sieb seihen. Kartoffelfond aufbewahren.

Die restlichen drei Kartoffeln kleinwürfelig schneiden, im Kartoffelfond weichkochen und abseihen.

In tiefen Tellern etwas Ziegenfrischkäse anrichten, mit Suppe aufgießen, Kartoffelwürfel dazugeben und nach Belieben garnieren.

KAISER-JOSEF-MARKT

Der Kaiser-Josef-Markt ist nicht nur dem Namen nach der Kaiser unter den Grazer Märkten. Am Vormittag bringen die Bauern aus der Umgebung den Platz vor der majestätischen Kulisse der Oper zum Pulsieren. Bei einigen Standlern sind Besucher gut beraten, bereits sehr früh zu kommen, um die frischen Waren zu erstehen, die rasch ausverkauft sind.

An sonnigen Tagen – und davon gibt es in Graz sehr viele – setzt sich das rege Treiben bis weit in den Nachmittag fort. Rund um den Markt haben sich kleine, feine Geschäfte angesiedelt, wie die renommierte Vinothek »Schaeffer's«, die ein spannendes Sortiment an steirischen sowie internationalen Spitzenweinen anbietet und Weinliebhaber wie Sommeliers aus nah und fern anzieht. Bei einigen Standln können Genießer auch außerhalb der üblichen Marktzeiten schlemmen und bis in die späten Abendstunden auf das Leben anstoßen.

KÜRBISKERNSCHNITZEL MIT ERBSENREIS

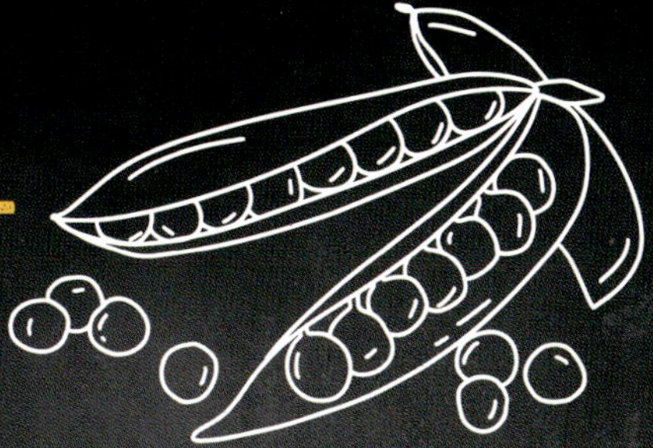

Steirischer Klassiker, unverzichtbar!

Zutaten für 4 Personen:

Schnitzel:

ca. 700 g	Bio-Kalbfleisch zugeputzt (Kaiserteil, Nuss, oder Frikandeau)
2	Eier
	Salz
	glattes Mehl und Semmelbrösel
ca. 100 g	fein gehackte Kürbiskerne
	Öl oder Schmalz zum Backen
	Zitrone und Petersilie zum Garnieren

Erbsenreis:

150 g	Reis
125 g	junge Erbsen (TK, aufgetaut)
1	Zwiebel
60 ml	trockener Weißwein
500 ml	Gemüsefond
1 EL	Butter
2 EL	gehackte Petersilie

Schnitzel:

Das Fleisch in ca. 5 mm dicke Schnitzel schneiden und plattieren (mit Folie abdecken und mit Pfannenboden oder Plattierer statt mit Fleischklopfer zart bearbeiten, damit das Fleisch nicht reißt). An den Rändern eventuell vorhandene kleine Sehnen entfernen und die Schnitzel beidseitig leicht salzen.

Drei tiefe Teller zum Panieren herrichten. In einem die Eier verquirlen, in den zweiten das Mehl geben. Im dritten Teller die Brösel mit den gehackten Kürbiskernen vermengen. Ein Schnitzel nach dem anderen beidseitig im Mehl wenden, danach gleichmäßig durch die Eier ziehen, dann in den Kürbiskern-Semmelbröseln wälzen. Die Panier ganz leicht andrücken, die Schnitzel hochheben und leicht schütteln, damit die überschüssigen Kürbiskern-Semmelbröseln abfallen können.

In einer Pfanne reichlich (zumindest daumendick) Fett auf etwa 150 °C erhitzen und die Schnitzel unter vorsichtigem Schwenken der Pfanne goldgelb ausbacken. Durch das Schwenken wird heißes Fett über die Schnitzeloberfläche gespült, wodurch die Panier soufliert und schöne Wellen bekommt. Alternativ können die Schnitzel auch in einer Fritteuse herausgebacken werden.

Erbsenreis:

Die Zwiebel schälen und fein hacken. Einen großen Topf erhitzen, die Butter zugeben, die Zwiebel auf mittlerer Flamme glasig anschwitzen (ca. 5 Minuten).

Den Reis hinzufügen und gut durchrühren, dann mit dem Wein aufgießen und einkochen.

Den Fond erhitzen, dazugießen und ca. 15 Minuten leicht köcheln lassen, bis der Reis gar ist. Die Hitze abschalten.

Erbsen zugeben und zugedeckt 5 Minuten ziehen lassen.

Die Schnitzel aus der Pfanne nehmen, kurz auf Küchenpapier abtropfen lassen. Mit Zitronenscheiben auf Tellern anrichten. Erbsenreis dazugeben und mit gehackter Petersilie garnieren.

Tipp: Damit das Schnitzel die klassischen Wellen in der Panier bekommt, darf das Ei nur kurz verschlagen und nicht mit Milch oder Wasser vermischt werden. Auch zu stark erhitztes Fett verhindert das Souflieren. Daher lieber wie beschrieben in der Pfanne schwenkend herausbacken als in der Fritteuse.

FISOLENSALAT

Der Geschmack des Sommers

Zutaten:

600 g	grüne und gelbe Fisolen
2	rote Zwiebeln
	Salz, Pfeffer
8 EL	Apfelessig
12 EL	Kürbiskernöl
1 EL	Honig
	Zitronenthymian
	(wahlweise andere Thymiansorte)

Die Fisolen auf beiden Seiten mit einem kleinen Gemüsemesser zuputzen. In 5 – 6 cm lange Stücke schneiden. In einem großen Topf mit gesalzenem Wasser ein paar Minuten knackig kochen, quietschen sollten sie beim Aneinanderreiben allerdings nicht mehr.

Den Essig, das Kernöl, den Honig, einen Schuss Wasser, Salz und Pfeffer in einer Schüssel zu einer Marinade verrühren oder mit dem Stabmixer verquirlen .

Die Fisolen mit einem Siebschöpfer aus dem Wasser heben und kurz abtropfen lassen, in die Marinade geben, vorsichtig unterrühren und für eine gute Stunde ziehen lassen.

Kurz vor dem Servieren die Zwiebel in feine Ringe schneiden und behutsam in den Salat unterheben. Mit Zitronenthymian vollenden.

Tipp: Fisolen schmecken auch mit Butterbröseln, in der Pfanne geschwenkt sehr gut. Als vegane Variante die Butter durch feines Pflanzenöl ersetzen.

RAHMGURKENSALAT

Tipp: Immer frisch zubereiten, sonst wird der Salat wässrig.

Erfrischender Begleiter zu Gebackenem

Zutaten:

2	mittelgroße Gurken
	Salz (Steinsalz)
1	unbehandelte Zitrone
4 – 5 EL	Sauerrahm
2 EL	Tomatenessig
	Schnittlauch oder Dill
	Chilipulver (nach Geschmack)

Die Gurken waschen und mit einem Sparschäler schälen. Anschließend der Länge nach halbieren, das Kerngehäuse entfernen, am besten mit einem Löffel. Dann feinblättrig schneiden und salzen.

Die Zitronenzesten, oder den Abrieb mit Sauerrahm und Essig glattrühren.

Die Gurken in ein Sieb geben und kurz ausdrücken. Mit der Marinade vermengen, eventuell mit einem Hauch Chilipulver abschmecken.

Fein geschnittenen Schnittlauch oder Dill untermengen oder darüber streuen.

MARILLENKNÖDEL IN BUTTER-ZIMT-BRÖSEL

Ein Mehlspeis-Klassiker

Knödel:

250 g	Topfen (20%)
150 g	griffiges Mehl
60 g	weiche Butter
2	Eidotter
1	Prise Salz
12	Marillen reif, aber nicht zu weich
12	Würfelzucker (optional mit Marillenbrand beträufelt)

Zucker-Zimt-Brösel:

150 g	Butter
130 g	Semmelbrösel
1	Messerspitze gemahlener Ceylonzimt
100 g	Kristallzucker
	Staubzucker zum Bestreuen

Knödel:

Die Butter mit den Dottern schaumig rühren.

Den Topfen, das Mehl und eine Prise Salz zugeben und kurz zu einem glatten Teig verrühren. Im Kühlschrank für ca. 1 Stunde rasten lassen.

Den Teig in 12 Teile teilen und mit der Hand flach drücken. Die Marillen vorsichtig entkernen, jede mit einem Stück Würfelzucker füllen, mit dem Teig umhüllen, in der bemehlten Hand Knödel formen und gut verschließen.

Knödel in Salz-Zucker-Wasser ca. 12 – 15 Minuten leicht wallend köcheln lassen.

Zucker-Zimt-Brösel:

Die Butter in einer beschichteten Pfanne aufschäumen. Die Brösel, den Zimt und den Zucker dazugeben und bei kleiner Hitze langsam unter ständigem Rühren goldbraun rösten.

Knödel mit einem Siebschöpfer aus dem Wasser heben, gut abtropfen lassen, in den Bröseln wälzen, anrichten und mit Staubzucker bestreuen.

Tipp: Statt Marillen können auch Erdbeeren oder Zwetschken mit diesem Teig umhüllt werden.

WEINBAR KLAPOTETZ

Wer auf ein gepflegtes Glasl Wein gehen will, ist im »Klapotetz« genau richtig. Evelyn Merc hat in der Herrengasse ein ausgesprochen feines Sortiment zusammengetragen. Weil die Steiermark der Schwerpunkt ihrer Auswahl ist, könnte man das Klapotetz auch als steirische Weinbotschaft bezeichnen. Jeden ihrer Lieferanten kennt Evi persönlich. Jeder Produzent wird von ihr besucht. Noch dazu hat sie mit Ihrem Geschäftspartner Hannes Dreisiebner einen renommierten Winzer mit im Boot. Dem Hannes macht man in Sachen Wein so schnell nichts vor. Im März 2019 hat er für seinen Sauvignon blanc »Hochsulz« den Weltmeistertitel nach Hause geholt. Natürlich bringt er sich ein, um mit Evi gemeinsam die besten Weine fürs Lokal auszusuchen. Ein kongeniales Team, die Frau Diplom-Sommelière und der Herr Kellermeister. Neben dem Wein werden Köstlichkeiten aus der kalten Küche kredenzt. Ausschließlich regionale Schmankerl begleiten die umfangreiche Weinauswahl.

Das oder auch die »Klapo« liegt im wunderschönen Generalihof, wo es sich auch im Sommer dank riesiger Schirme angenehm genießen lässt. Bei den Jazz-Konzerten, die regelmäßig hier stattfinden, herrscht stets tolle Stimmung und der Hof platzt aus allen Nähten. In den Wintermonaten ist das »Klapo« ein ebenso beliebter Treffpunkt. Weinliebhaber können mit dem gut geschulten Personal fachsimpeln und an den exklusiven Weinverkostungen teilnehmen. Die grandiose Idee, die steirischen Weinstraßen in die Innenstadt zu holen, ist voll aufgegangen.

www.klapo.at
Generalihof/Herrengasse

DELIKATESSEN NUSSBAUMER

In dem legendären Delikatessengeschäft mit über 100-jähriger Geschichte in der Paradeisgasse schauen wir immer wieder gerne vorbei, lässt es sich doch ganz vortrefflich mit den Betreibern über Käse und andere Gourmandisen plaudern.

Diplom-Käsesommelier Josef Sorger führt das Geschäft mit seiner Frau Maria. Nach Tradition des Hauses nimmt er sich viel Zeit für seine Kundschaft, berät sie ausführlich und kompetent und hat stets neue Köstlichkeiten auf Lager. Alles vom Feinsten. Wann immer Sabine auf den Punkt gereifte Käse für ihre Käseseminare benötigt, wird sie hier garantiert fündig.
Selbstredend kennt Josef Sorger jeden seiner Produzenten persönlich. So manchen Urlaub hat das Ehepaar schon in Frankreich oder Italien verbracht, um einzigartige Käseproduzenten zu besuchen und fürs Delikatessengeschäft einzukaufen. Zu mitunter abgeschiedenen Orten ist den beiden dafür kein Weg zu weit, ob mit dem Auto oder zu Fuß.

Vom Arzberger Stollenkäse bis zum Vorarlberger Bergkäse, vom Emmentaler bis zum Roquefort finden Käseliebhaber hier alles, was das Herz begehrt. Besonders liebevoll arrangiert werden Käseplatten für jede Art von Feierlichkeit. Aber auch die hausgemachten Delikatessen wie das köstliche Roastbeef oder die Frischkäseterrine sind verführerisch. Angesichts des großartigen Angebots fällt die Auswahl schwer. Zum Glück finden sich immer wieder Gelegenheiten, dem Genuss zu frönen. Also beschließen wir an Ort und Stelle, noch etwas Prickelndes zu genießen, und platzieren uns am Stehtisch mit Blick auf all die Verlockungen in der Vitrine. Vielleicht sollten wir zum Crémant Rosé ein paar Häppchen bestellen?

www.delikatessen-nussbaumer.at
Paradeisgasse

RESTAURANT UND CAFÉ TSCHEPPE UMS ECK

Was sind wir froh, dass es die Kathi gibt! Und ihr kleines feines Refugium, das »Tscheppe ums Eck«. Katharina Tengler-Tscheppe stammt ursprünglich vom Weingut Tscheppe in Leutschach. Bis 2010 führte sie zusammen mit ihren Eltern das Gasthaus Tscheppe in Sulztal an der Weinstraße. Aus dem Bauch heraus hat die g'standene Gastronomin und profunde Weinkennerin vor einiger Zeit das Innenstadtlokal in der Albrechtgasse zwischen Hauptplatz und Andreas-Hofer-Platz übernommen und es flugs zu einem beliebten Treffpunkt gemacht. Sehen und gesehen werden, lautet hier die Devise. Vor allem wenn man draußen sitzt, an kühlen Tagen unterm Heizstrahler. Wer ohne Begleitung kommt, wird nicht lang alleine bleiben. Zu viele bekannte Gesichter und entspannte Gäste gehen hier ein und aus, mit denen man rasch ins Gespräch kommt. Drinnen gibt es einige Stehplätze in unmittelbarer Nähe der riesigen Vitrine, in der delikate Häppchen präsentiert werden. Antipasti, Panini, frische Salate und kleine warme Gerichte wie Currys oder Suppen stehen auf der Karte.

Die Weinauswahl lässt selbst bei den verwöhntesten Gästen kaum einen Wunsch offen. Die Kathi kennt sich eben aus und vertraut auf ihre Brüder. Zwillingsbruder Edi betreibt mit seiner Frau Steffi Tscheppe-Eselböck das Gut Oggau am Neusiedlersee und produziert dort markante biodynamische Wein-Charaktere, die auch international überaus gefragt sind. Bruder Stefan hat schon das eine und andere Weingut in eine erfolgreiche Zukunft geführt und zeichnet aktuell für die Hofkellereien des Fürsten von Liechtenstein im Weinviertel und in Vaduz verantwortlich.

So manche »GenussSpur«-Tour endet bei der Kathi, wo wir unsere Erlebnisse bei einem gepflegten Glasl Wein Revue passieren lassen.

www.tscheppeumseck.at
Albrechtgasse

GREISSLEREI DAS GRAMM & SUPERMARKT DAS DEKAGRAMM

Begonnen hat alles mit einer erfolgreichen Crowdfunding-Kampagne. 2016 konnten Sarah und Verena schließlich ihren ersten Zero-Waste-Laden in Graz eröffnen: »Das Gramm«, eine Greißlerei in der Innenstadt, untergebracht in einem historischen Altstadthaus. Seither bringen die beiden Gründerinnen hochwertige Produkte zumeist in Bioqualität unter die Menschen, die verpackungsfrei einkaufen möchten. Gerade so viel, wie sie brauchen.

Von schmackhaften und nachhaltig angebauten Lebensmitteln bis hin zu umweltschonenden Haushalts- und Hygieneartikeln gibt es hier alles für einen bewussten und genussvollen Lebensstil. Fleisch- und Fischwaren kommen frisch aus der Region und dem Umland. Auch online kann bestellt werden. An der Theke und im Sitzbereich lässt es sich nicht nur gemütlich Kaffee oder Tee trinken, sondern auch ein täglich wechselndes Mittagsmenü genießen. Solange der Vorrat reicht. An den Samstagen ist bei Schönwetter der Brunch im kleinen Gastgarten sehr gefragt, daher rechtzeitig einen Platz reservieren!

Wir schauen uns im Laden um, entdecken so manches interessante Produkt: Haarshampoo, das wie ein Seifenstück gepresst ist, Zahnbürsten aus Bambus, Trinkhalme aus Edelstahl.

Bei Fairtrade-Kaffee und Kuchen erfahren wir mehr über die Zero-Waste-Philosophie, über die sich Umweltbewusste in Workshops und Vorträgen noch eingehender informieren können. Steigende Nachfrage lässt darauf hoffen, dass dieser nachhaltige Ansatz allmählich greift. Inzwischen wurde das noch größere »Dekagramm« eröffnet, ein verpackungsfreier Supermarkt mit angeschlossenem Café.

www.dasgramm.at
Neutorgasse und Joanneumring

PAULS BOHNZIMMER

KAFFEERÖSTEREI PAUL & BOHNE

Ja, wir wissen, dass in der Steiermark kein Kaffee wächst. Zumindest noch nicht. Somit dürfte Kaffee in unserem Buch gar nicht vorkommen. Doch wir lieben nun mal Kaffee. Morgens, mittags und abends. Und damit Kaffeeliebhaber wie wir mit Geschmack und Koffein versorgt werden, muss der Kaffee leider importiert werden. Oft kommt er mit dem Schiff nach Triest, der Stadt der Kaffeeröster und Kaffeehäuser, anschließend über den Landweg zu uns nach Graz wie zu k.-und-k.-Zeiten. Glücklicherweise gibt es Paul Sorger und seine Kaffeerösterei »Paul und Bohne«. Er ermöglicht Kaffeegenuss mit möglichst geringer Umweltbelastung und ohne Ausbeutung der Bauern.

Paul Sorger hat den ersten Kaffee für sein Unternehmen ebenfalls aus Triest bezogen. Allerdings hat er ziemlich bald beschlossen, selbst zu rösten. Ein geeigneter Ort war rasch gefunden, die Genehmigung zum Rösten dauerte etwas länger. Seit Herbst 2018 werden in der Josefigasse sechs unterschiedliche »Blends«, Kaffees aus unterschiedlichen Sorten, und zahlreiche »Single Origins«, Kaffees, deren Bohnen aus dem-

selben Anbaugebiet stammen, geröstet. Die meisten von ihnen sind biozertifiziert und werden im »Direct Trade« direkt vom Bauern eingekauft. Paul schätzt daran, dass die Handelswege transparent sind, ohne Mittelsmänner.

Die Wahl des Kaffees fällt uns schwer. Zum Glück kann man die Sorten verkosten, bevor man sie aus dem Shop mit nach Hause nimmt. Freundlich und kompetent führt uns Christoph Klescher durch das umfangreiche Sortiment. Mit ihm hat Paul einen ausgewiesenen Bohnenexperten an seiner Seite, der den Laden schupft und immer gute Laune verbreitet. Das gesamte Team ist perfekt geschult und verführt uns, neue Kaffeezubereitungen auszuprobieren. Es gibt genügend einladende Tische und Sessel, die uns beim Genießen fast die Zeit vergessen lassen.

Für Wissbegierige werden Workshops angeboten. Zum Beispiel »Meine Espressomaschine und ich«, weil Beziehungsarbeit in jeder Hinsicht wichtig ist.

Die historische Verbindung zu Triest spielt übrigens auch in unserem Freizeitverhalten eine große Rolle. Wir lieben Abstecher nach Triest. Manchmal nehmen wir uns dafür einfach einen Tag frei, um ein bisschen Meerluft zu schnuppern und gut zu essen. »GenussSpur« Adria wäre eigentlich auch nicht schlecht ...

www.paulundbohne.at
Josefigasse

MEISTERKONDITOREI KRISTINAS

W as für eine Freude! Es gibt sie noch, die feine traditionelle Konditorei in der Girardigasse. Ein Grazer Urgestein und doch wieder neu. Nach 100 Jahren Betriebsführung durch die Familie Zafita wurde das Zepter im Jahr 2019 neuen Betreibern übergeben. Die Konditorei heißt nun »Kristinas«. Kristina ist Quereinsteigerin. Und Meisterkonditorin. Nach der Meisterprüfung wagte sie den Schritt von der heimischen Kleinstproduktion in die Selbständigkeit und erfüllte sich mit ihrem Partner Stephan, Spross einer Grazer Gastronomenfamilie, den Traum von der eigenen Konditorei.

Schön, dass sich die beiden ausgerechnet diesen altehrwürdigen Grazer Betrieb für ihren gemeinsamen Weg ausgesucht haben. Wir besuchen sie schon in der Eröffnungswoche und stellen auf den ersten Blick fest, dass die in die Jahre gekommene Konditorei ein gründliches Facelifting erhalten hat. Viel frisches Weiß an der Decke und harmonische Farbkombinationen der Einrichtung schmeicheln den Räumen.

»#keinhipstercafé«, ist auf dem Schild an der Garderobe zu lesen. »Kristinas« ist ein Ort, an dem klassische Kaffeehauskultur nach traditioneller österreichischer Art hochgehalten wird. Ein Treffpunkt für Jung und Alt. Man setzt auf Kaffee, der in Graz geröstet wird, zubereitet mit einer exzellenten Kaffeemaschine, die selbst höchsten Barista-Ansprüchen gerecht wird.

Prachtvoll ist auch die neue große Vitrine, in der die süßen Kunstwerke ausgestellt sind. Die Wahl fällt nicht leicht zwischen all den verlockenden Pralinen, Torten, Törtchen, Kuchen und Strudeln. Traditonellen saisonalen Mehlspeisen wie Faschingskrapfen, Osterpinzen oder Weihnachtsgebäck wird hier ebenfalls große Beachtung geschenkt. Bis 11.30 Uhr gibt es Frühstück, ansonsten auch Brötchen, pikante Snacks und hausgemachtes Eis. Sehr gelungen, finden wir. Herzlichen Glückwunsch!

www.meisterkonditorei.at
Girardigasse

VEGANE EISDIELE EISPERLE

Als gäbe es nicht schon genug Eisläden in der Stadt, mag sich manch einer anfangs gedacht haben, als im Jahr 2017 die Eröffnung der »Eisperle« in der Grazer Altstadt angekündigt wurde. Wir müssen zugeben, auch wir waren skeptisch. Generell eher dem Pikanten zugeneigt, hat Sabine es hochgerechnet auf nicht einmal drei Kugeln Eis im Jahr geschafft. Claudia war nicht wesentlich erfolgreicher. Die »Eisperle« hat unser Verhältnis zum Eis grundlegend verändert. Jetzt zählen wir regelmäßig zu den vielen Wartenden, die geduldig in der Schlange stehen, um ein Eis zu ergattern.

Heute treffen wir die Inhaberin der »Eisperle« Mariane Leyacker-Schatzl, noch bevor ihr Laden öffnet. Diese einmalige Chance nutzen wir, um mit ihr zu plaudern und ganz nebenbei ein Eis zu bekommen, ohne warten zu müssen.

Mariane kreiert Eissorten, die so ungewöhnlich sind, dass man am liebsten alle auf einmal probieren würde. Es macht ihr einfach Spaß zu zeigen, was Eis alles hervorbringen kann. Die hochwertigen Zutaten für ihre genialen Eissorten bezieht sie zum größten Teil vom Bauernmarkt und von ausgesuchten Lieferanten aus der Region. Neben den Hauptingredienzien verwendet sie Kräuter, Gewürze und ätherische Öle. Die Farben des Eises sind ausschließlich natürlich. Lebensmittelfarbe und andere Zusatzstoffe vermeidet sie wie der Teufel das sprichwörtliche Weihwasser.

Im Sommer sind die fruchtig-frischen Sorten gefragter, erfahren wir, im Winter mehr die nussig-cremigen Varianten. Alle auf einmal zu kosten, schaffen wir leider nicht. Aber wir kommen gerne wieder, wieder und immer wieder. Auch in die neue Filiale.

www.eisperle.at
Kaiserfeldgasse und
Conrad-von-Hötzendorf-Straße

Kurz vor dem Abgabetermin der »GenussSpur« Steiermark erfahren wir von einem besonders innovativen Projekt. Austernpilzzucht auf Kaffeesatz. Das wollen wir uns anschauen und machen uns umgehend auf den Weg zur »Pilzkiste« in die Lehárgasse. Hinter der Idee von nachhaltiger, regionaler Pilzproduktion stehen drei Freundinnen. Mercedes, der grüne Daumen und das Sprachrohr, Jasmin, Expertin in Sachen Gastronomie und Marketing, und Nina, die Technikerin. Gemeinsam ist ihnen die Leidenschaft für Austernpilze. Damit das junge Unternehmen wachsen kann, haben die drei Unternehmerinnen einen überzeugenden Auftritt in der Fernsehsendung »2 Minuten, 2 Millionen« hingelegt und sich kompetente Investoren ins Boot geholt.

Produziert wird nicht nur für den Frischpilzverkauf, die würzige Austernpilz-Creme und die Trockenpilze. Die drei haben ein ausgeklügeltes System entwickelt, mit dem jedermann ohne großen Aufwand bei sich daheim Pilze ernten kann. Das sogenannte »Grow-Kit« enthält das Mycel, den eigentlichen, unsichtbaren Pilz, der unterirdisch wächst. Dazu kommen Substrat und Kaffeesatz.

Bei entsprechender Pflege kann bis zu dreimal geerntet werden. Danach eignet sich der Inhalt hervorragend als Gartendünger.

Den Kaffeesatz holen sich die Damen bei Grazer Gastronomiebetrieben, die diesen dann nicht entsorgen müssen. Auch die leeren Einwegplastikkübel aus der Küche nehmen sie mit, um sie für die »Grow-Kits« immer wieder zu recyceln.

Austernpilze kommen aus der Familie der Seitlinge. Sie bereichern und verfeinern Speisen auf vielfältige Art. Die großen, zartfleischigen Pilze sorgen für ein ganz besonderes Aroma und lassen sich hervorragend weiterverarbeiten. In Fisch- wie Fleischgerichten, in Brot und Teigwaren, aber auch als Solisten, mit ein wenig feinem Öl und frischen Kräutern zubereitet, sind sie ein wahrer Genuss.

www.pilzkiste.at
Lehárgasse

QUICHE MIT AUSTERNPILZEN UND LAUCH

Vegetarischer Genuss aus der »Pilzkiste«

Zutaten für 4 Personen:

Teig:

250 g	Mehl
150 g	kalte Butter
120 ml	Wasser
	Salz, Pfeffer

Fülle:

500 g	Austernpilze
250 ml	Schlagobers
4	Eier
1	Knoblauchzehe
1	kleine Zwiebel
½	Stange Lauch
	etwas Pflanzenöl
	Rosmarin
	Salz, Pfeffer
ca. 50 g	geriebener Hartkäse nach Wahl

Die Butter (in Flocken) mit dem Mehl, Salz und Pfeffer vermischen. So viel Wasser dazugeben, bis ein glatter Teig entsteht. Bei Verwendung von kalter Butter kann der Teig sofort weiterverarbeitet werden, ansonsten im Kühlschrank ca. 1–2 Stunden rasten lassen.

Die Zwiebel würfelig und den Lauch in Ringe schneiden, beides gemeinsam im Pflanzenöl anrösten, dann die Austernpilze, den fein gehackten Knoblauch und Rosmarin dazugeben. Etwa 10 Minuten dünsten, dann erst mit Salz und Pfeffer würzen.

Den Teig in einer Spring- oder Quiche-Form auslegen und mit dem Pilzgemüse füllen. Die Eier, das Schlagobers und den Käse miteinander verquirlen und darübergießen.

Im vorgeheizten Backrohr bei 180 °C Ober-/Unterhitze ca. 45 Minuten backen.

Quiche in der Form oder auf einem großen Teller servieren, bei Tisch anschneiden und auf Tellern anrichten.

BAUERNLADEN GERLITZ

Katharina und ihr Ehemann Oliver Gerlitz leben mit Kind und Kegel das Bauernhofleben mitten in der Stadt. Auf einem Hof in Liebenau, der bereits in der fünften Generation geführt wird, mit dem Eislauf- und Fußballstadion in Sichtweite. Das hat was.

Das Ehepaar bewirtschaftet 30 Hektar rund ums Haus und in Grambach bei Graz. Salat, Früherdäpfel, Karotten, Jungknoblauch, Radieschen, Spinat, Rucola, grüner Spargel, Grazer Krauthäuptel (die Salatspezialität der Region), Paradeiser, Chili, Paprika, Rhabarber, Erdbeeren und vieles mehr. Eine Vielfalt an Produkten, die nicht nur frisch, sondern auch veredelt verkauft werden. Zwei Drittel des Sortiments gehen eingelegt, eingekocht oder getrocknet über die hofeigene Ladentheke. Vom Bratapfelaufstrich bis zum Zwetschkenlikör findet sich eine riesige Auswahl.

Das »Steirer con carne«, ein Hausrezept aus Rind und Schwein mit Käferbohnen in fein-pikanter Soße ist der Klassiker in der Fleischvitrine. Im Glas abgefüllt, perfekt für die schnelle Küche zu Hause.

Ganz besonders genial ist das Popcorn, hergestellt aus eigenem Mais, entweder auf klassische Art oder mit Chili. Inklusive »Knisterknabberfrisch-Garantie« für ein halbes Jahr.

Schule am Bauernhof gibt es hier auch. Stadtkindern wird das Leben am Bauernhof und mit der Natur nähergebracht. Kindergärten und Schulen aus der Umgebung pflanzen und ernten ihr Gemüse selbst.

Seit Herbst 2019 betreiben die Gerlitz neben dem Hofladen auch eine Art Heurigen. Unter der alten Linde werden den Gästen Gerichte aus der hofeigenen Produktion serviert.

www.bl-gerlitz.at
Andersengasse

KRIMI: ERST DIE ARBEIT, DANN DER MORD

Heute musste es sein. Ob er wollte oder nicht. Die Gartensaison war zu Ende, der letzte Krauthäuptel geerntet. Er hatte ihr versprochen, noch vor dem ersten Frost ihr Gemüsebeet umzugraben, damit sie es im nächsten Frühjahr für die Aussaat nur mehr auflockern brauchte. Nicht, dass er Wert auf ihr Grünzeug gelegt hätte. Im Gegenteil. Diese fleisch-, fett- und zuckerarme Ernährung schwächte ihn zusehends. Ganz abgemagert war er schon. Ernst hielt inne, um sich den Schweiß von der Stirn zu wischen.

»Du wirst doch nicht schon schlappmachen?«, hörte er Lotte hinter seinem Rücken keifen.

Ernst wandte sich um. Brachte sie ihm tatsächlich eine Stärkung? Wie nett von ihr!

»Was ist? Weiter geht's! Erst die Arbeit, dann die Belohnung!« Lotte stellte das Tablett auf den Gartentisch, schenkte sich Kaffee ein und schob sich genüsslich ein Stück Kastanientorte in den Mund.

Ernst schluckte trocken und fuhr mit dem Graben fort.

Was war das denn? Er sprang zur Seite. »Da liegt ein Schädel!«, rief er entsetzt und starrte in die Grube. »Ruf die Polizei an!«

Lotte legte die Serviette auf ihren leeren Teller und erhob sich. »Ich hol das Handy. Iss doch inzwischen deine Torte! So gut ist sie mir noch nie gelungen.«

Nerven hatte sie, das musste man ihr lassen. Kaum war sie im Haus verschwunden, machte er sich gierig über sein Tortenstück her. Allzu oft kam er nicht in diesen Genuss.

Auf einmal wurde ihm schwindlig. Sein Puls raste, als er zum Glas griff und von der Gartenbank rutschte.

239

MISCHGARTEN LIENHOF

D irekt am Stadtrand von Graz, grenzüberschreitend zur Region Graz bereichert seit Juni 2018 ein »Mischgarten für Gemüse, Obst und Kräuter per Hand« den Florianiberg. Mehr als 50 verschiedene Kräuter, sowohl wilde als auch kultivierte, gedeihen ganz prächtig auf den Terrassenanlagen des Lienhofs. So prächtig und vielfältig, dass Sabine Lienhart diese nicht nur in ihrem Hofladen verkauft, sondern uns auch sehr stolz präsentiert.

Wir lassen uns gerne herumführen und lernen etwas über den Boden des Florianibergs. Der Schiefer verleiht den Pflanzen, ähnlich wie beim Wein, eine besondere Würzigkeit. Der Lehm ist ein hervorragender Wasserspeicher. Hier, auf 500 Meter Seehöhe, ist das Klima günstig. Winterharte Kulturkräuter fühlen sich genauso wohl wie wärmeliebende Saison- und Wildkräuter.

Überliefertes und wiederentdecktes Pflanzenwissen zu pflegen und weiterzugeben war der Grundgedanke von Sabine und Christa Lienhart, die diesen Ort zu einem Treffpunkt für Kräuter-, Beeren- und Gemüseliebhaber gestaltet haben. Tochter und Mutter haben so viel über die Wirkung und den Geschmack der einzelnen Kräuter zu erzählen, dass sie im lichtdurchfluteten Seminarraum regelmäßig Workshops abhalten, die sich großer Beliebtheit erfreuen.

Von Mai bis Dezember gibt es im »Lienhof-Abo« Gemüse und mehr zum Selbererenten, prachtvoller Ausblick inklusive.

Mit einer Tasche voller Bergbohnenkraut, Salbei, weißer Melisse und Quendel im wiederverwendbaren Glas sind wir gut gerüstet für unsere nächste Koch-Session und die entspannenden Tassen Tee zu Hause.

www.lienhof.at
Graz / Seiersberg

TRÜFFELN AUS GRAZ

Der erste Trüffelfund in einem Grazer Wald im Jahr 2017 war im wahrsten Sinn des Wortes ein gefundenes Fressen für die Presse. Natürlich auch für unsere »GenussSpur« Steiermark, die wir zu diesem Zeitpunkt bereits planten.

So dürfen wir heute die Trüffelexpertin Gabriele Sauseng und den Oberförster der Stadt Graz Peter Bedenk bei einem Waldspaziergang an einen geheimen Ort begleiten. Die genauen Fundstellen werden zwar sorgfältig kartographiert, aber nicht preisgegeben, handelt es sich doch um einen kostbaren Bodenschatz, der ausschließlich von Fachkundigen geborgen werden darf.

Gabi Sausengs Trüffelspürhunden bereitet es sichtlich Vergnügen, nach der schwarzen Knolle im Boden zu graben. Selbst auf dem Spazierweg führen die Lagotto Romagnolos ihre feinen Spürnasen immer dicht am Boden. Sobald einer einen Fund anzeigt, ist Gabi sofort zur Stelle. Wenn das große Graben losgeht, heißt es für sie, schneller als ihre Fellnasen an der Trüffel zu sein. Staunend schauen wir zu. Nach einer halben Stunde haben die Hunde einige Exemplare erschnüffelt. Ein Abendessen für vier Personen ist locker drin.

Peter Bedenk beobachtet die Trüffelsucher mit einem Schmunzeln, er kennt den Hype um die wertvolle Waldfrucht längst. Schließlich ist die Trüffel der Waldbewirtschaftung zu verdanken, die er mit seinem Team seit vielen Jahren betreibt. In Zusammenarbeit mit der Stadtpolitik, Naturschutzbeauftragten und der Forstabteilung hat man bereits vor über zwei Jahrzehnten die richtigen Maßnahmen für die grüne Lunge der Stadt gesetzt. Einmal Trüffeln hier ernten zu können war damals ganz bestimmt nicht das erklärte Ziel der Bewirtschaftungspläne. Der schmackhafte Nebeneffekt ist aber natürlich willkommen und stößt auf breites Interesse. Trüffelführungen können in der Waldschule Graz gebucht werden. Und einmal im Jahr findet in der »GenussHauptstadt« Graz ein internationales Trüffelfestival statt.

www.gbg.graz.at

243

DIE LANGE TAFEL DER GENUSSHAUPTSTADT GRAZ

Graz trägt den Titel »Genuss Hauptstadt« und macht diesem Titel alle Ehre. Die Steirermetropole zeigt gerne, was sie zu bieten hat: eine wunderschöne Altstadt, den Schloßberg, das Kunsthaus, Schloss Eggenberg, und vor allem eine exzellente Gastronomie sowie eine Vielfalt an Märkten und Vinotheken. Wahrlich eine Stadt, die gut für Bauch und Seele ist.

Der krönende Höhepunkt des kulinarischen Jahres ist die »Lange Tafel der GenussHauptstadt Graz«, seit mehr als einem Jahrzehnt eine Erfolgsgeschichte. In eindrucksvollem Ambiente wird am Hauptplatz unter freiem Himmel ein festliches Menü mit feiner Getränkebegleitung serviert. Der Uhrturm thront über der Tafel, schaut den Gästen beim festlichen Genießen zu. Mehr als 750 sind es, die sich diesen fantastischen Abend nicht entgehen lassen.

Aufgetischt werden die feinsten Produkte aus den Regionen. Die Chefköche der »GenussHauptstadt«-Partnerbetriebe kochen live im Foyer des Rathauses auf. Sommeliers fungieren als Mundschenke und wissen immer eine Geschichte zu den ausgesuchten Weinen zu erzählen. Viele, viele Servicehände zaubern ein Galaservice der Extraklasse.

Seit der ersten »Langen Tafel« zeichnet Sabine nicht nur für den Einsatz der Sommeliertruppe verantwortlich, sie sorgt auch für die passende Weinbegleitung. Dazu organisiert sie im Rahmen des Probekochens im Vorfeld eine verdeckte Verkostung in fachkundiger Runde.

Wir freuen uns jedes Jahr auf dieses unvergleichliche Erlebnis im August, bei dem es der Wettergott in den allermeisten Fällen gut mit der »GenussHauptstadt« meint.

www.graztourismus.at
Hauptplatz

DER GEHEIME WEINKELLER

Mitten im Herzen der Grazer Altstadt in einem jahrhundertalten Haus mit viel Flair verbirgt sich der »geheime Weinkeller«. Sabines Reich. Hier hütet sie ihre »kost–baren Schätze«. Viele schöne Weine, die sie in der Steiermark und auf weiteren Reisen entdeckt und mitnimmt, um sie zum richtigen Zeitpunkt mit Freunden, Familie und Gästen zu teilen.

Manchmal redet die Diplom-Sommelière auch richtig g'scheit über den Wein oder über Käse, und alle hören ihr zu. Vor allem die Wissbegierigen, die sie für Vorträge, Verkostungen und Workshops buchen. Stunden-, ach was, tagelang könnte Sabine über Genussthemen referieren.

Meistens trifft man sich aber ohne großes Brimborium bei ihr, kostet vom herrlichen Wein und beißt in ein knuspriges Brot. Lustig geht es jedenfalls immer zu. Wenn die »GenussSpur« in den geheimen Weinkeller führt. Neuerdings wird Genusscoach Sabine von ihrem hochtalentierten Genusshund mit feiner Spürnase bei der Arbeit unterstützt. Auch als Hüterin der Weinschätze macht Sunny gute Figur.

www.flieser-just.at
Altstadt

KÜRBISKERN-STANGERL

Knusprig und fein

Zutaten für 15—20 Stück
Teig:
500 g glattes, gesiebtes Mehl
30 g Germ
20 g Rohrzucker
300 ml warme Milch
50 g Butter
Salz

Fülle:
150 g feingemahlene Pinienkerne
150 g feingemahlene Kürbiskerne
30 g Biskuitbrösel
50 g Honig
20 ml fassgereifter Grappa
(oder ein anderer Edelbrand)
100 ml Milch
1 verquirltes Ei zum Bestreichen

Teig:
Aus den Zutaten einen eher festeren Germteig zubereiten und zugedeckt an einem warmen Ort ca. 15 Minuten rasten lassen, bis er sein Volumen verdoppelt hat. (siehe auch Seite 51)

Fülle: Alle Zutaten verrühren.

Stangerl:
Den Teig halbieren, zu Kugeln formen und weitere 15 Minuten rasten lassen. Anschließend den Teig zu Rechtecken auf einer bemehlten Unterlage ausrollen. Zur Hälfte jeweils mit der Fülle bestreichen, die zweite Teighälfte darüberklappen und in ca. 3—4 cm breite Streifen schneiden. Die Streifen in der Mitte der Länge nach einschneiden, die Teigenden sollen noch miteinander verbunden sein. Aus den Streifen Spiralen drehen, auf ein Backpapier legen und mit dem Ei bestreichen.

Noch einmal ein paar Minuten rasten lassen. Im vorgeheizten Rohr bei ca. 190 °C 15—20 Minuten auf der mittleren Einschubschiene im Ofen backen.

POLENTA À LA GEHEIMER WEINKELLER

Sabines Klassiker für Weinverkostungen

Zutaten für 4 Personen:
250 g Instant-Polenta (zum Beispiel Farina
        1-Minuten-Polenta)
500 ml Wasser oder Milch
2 – 3 EL Butter oder Öl
        Salz
        Hildegard-Würze nach Geschmack
200 g geriebener Hartkäse

Fülle nach Belieben: zum Beispiel getrocknete Paradeiser und Basilikum-Pesto, Schinken und Käse
oder Frischkäse und Spinat

Die Instant-Polenta nach Packungsanleitung kochen, wobei die Wassermenge um ein gutes Drittel erhöht werden kann. Die Polenta soll mittelfest, noch streichbar sein. Würzen, Butter oder Öl hinzufügen und geriebenen Käse einrühren. Polentamasse in eine vorbereitete, ausgebutterte Form füllen.

Variante 1: Nur die Hälfte einfüllen. Fülle nach Wahl aufstreichen. Restliche Hälfte der Polenta darüber streichen.

Variante 2: Fülle gleich in die Polenta-Masse einarbeiten, gut verrühren und in eine vorbereitete Form füllen.

Mit dem Käse bestreuen und im Rohr bei 200 °C für 6 – 8 Minuten auf der obersten Schiene überbacken, bis der Käse leicht gebräunt und knusprig ist.

APFELSTRUDEL

Von Sabines Mama für Geburts- und Feiertage der Familie. Auch die Gäste in Sabines seinerzeitigem Restaurant »Starcke Haus« am Grazer Schloßberg hat dieser köstliche Strudel schon hundertfach erfreut.

Zutaten für 1 Strudel:

Teig:
350 g	glattes Mehl
1	Ei der Größe M
50 g	Butter
125 ml	lauwarmes Wasser

Mehl für die Arbeitsfläche
Öl oder flüssige Butter zum Bestreichen

Fülle:
1,8 kg	Äpfel (vorzugsweise Golden Delicious)
	Zitronensaft
	Zimt
	Zucker
	Vanillezucker
1	Handvoll in Rum getränkte Rosinen
40 g	Butter für die Butterbrösel
100 g	Semmelbrösel
4–5 EL	flüssige Butter zum Bestreichen
	Staubzucker zum Bestreuen

Tipp: Durch die zerlassene Butter, die mit dem Teig gerollt wird, entstehen die feinen dünnen Schichten.

Tipp: Vor dem Strudelteig-Ausziehen Schmuck ablegen, damit der Teig nicht zerreißt.

Teig:
Alle Zutaten gut zu einem glatten, geschmeidigen Teig verkneten. Besser länger als zu kurz. Mit Öl einpinseln und für mindestens 3 Stunden (ideal über Nacht) im Kühlschrank rasten lassen. Den Teig rechtzeitig vor der Verarbeitung aus dem Kühlschrank nehmen, damit er nicht zu kalt ist.

Fülle:
Die Äpfel schälen, entkernen und dünnblättrig schneiden. Anschließend mit den restlichen Zutaten vermengen. Die Butter in einer Pfanne erhitzen und einmal kurz aufschäumen lassen, die Brösel zugeben und unter ständigem Rühren goldbraun rösten.

Strudel:
Auf einem Tisch ein bemehltes Tuch ausbreiten, den Strudelteig auflegen und ausrollen. Dann mit dem Handrücken vorsichtig in Richtung Tischkanten ziehen, bis er hauchdünn ist.
Die Butter zerlassen und den Teig damit bestreichen.
Im unteren Drittel die Butterbrösel verteilen.

Darauf die Apfelfülle geben.

Den Strudel eng einrollen, die Enden gut verschließen. Mithilfe des Tuchs den Strudel auf ein mit Butter ausgestrichenes Blech heben, damit er nicht zerfällt. Das Tuch vorsichtig entfernen.

Mit zerlassener Butter bestreichen. Im vorgeheizten Rohr bei 180 °C ca. 45–50 Minuten backen.

Den Strudel etwas auskühlen lassen, in schräge Stücke schneiden und mit Staubzucker bestreut lauwarm servieren.

FESTSCHMAUS

Ferdinand Haller

ERDÄPFEL UND SAIBLINGSKAVIAR

Geschmacksexplosion

Zutaten für 4 Personen:

3 – 4	mittelgroße mehlige Erdäpfel
2 – 3 Fl	Sauerrahm
	Schuss Verjus
	Steinsalz oder Süßlupinenwürzsoße (vom Malerwinkl in Fehring)
	gemahlener Koriander
	sehr fein geschnittener Schnittlauch
1 Dose	Saiblingskaviar (zum Beispiel von der Fischzucht Igler in Stattegg)

Garnitur:

2	Handvoll Asiasalat, junger Mangold und hauchdünn geschnittene Scheiben von 1 Karotte
3 EL	Distelöl
1 EL	Verjus
	Salz

Die Erdäpfeln in der Schale kochen, schälen, noch heiß grob passieren und kurz auskühlen lassen.

Anschließend mit dem Sauerrahm, dem Verjus, der Würzsoße und dem gemahlenem Koriander würzen und für ein paar Minuten rasten lassen.

Die Schnittlauchröllchen in die Erdäpfelmasse mischen. Etwas Schnittlauch zum Garnieren zur Seite stellen.

Die Masse in eine Mini-Form füllen und auf einen Teller stürzen, die Form vorher eventuell mit Öl ausstreichen.

Den Saiblingskaviar vorsichtig auf die marinierten Erdäpfel setzen. Mit den aufbewahrten Schnittlauchröllchen garnieren.

Distelöl, Verjus und Salz zu einer Vinaigrette vermengen, die Salatblätter und Karottenscheiben marinieren und zum Erdäpfel-Kaviar anrichten.

Tipp: Blattsalate immer erst unmittelbar vor dem Servieren durch das Dressing ziehen.

STEIRISCHE GEBIRGSGARNELEN UND ERDÄPFEL

Zutaten:

Garnelen:
Pro Person je nach Gusto und Menü-
folge 8 – 15 steirische Gebirgsgarnelen
(Michi's Frische Fische)
Tomaten-Würzsoße aus Süßlupinen
(Malerwinkl in Fehring)
Öl
Salz, Pfeffer
evtl. Zitronen- oder Limettenzeste

Meersalz-Erdäpfel:
4 mehlig kochende Erdäpfel
grobes Meersalz

Erdäpfel-Mousseline:
2 mittelgroße Erdäpfel, vorgekocht und
gewürfelt
15 g Butter
1 fein geschnittene Schalotte
15 ml Weißwein
100 ml Gemüsefond
100 ml Schlagobers
geriebene Muskatnuss

Emulsion von Blattpetersilie:
1 Bund Petersilie
4 EL Traubenkernöl (zum Beispiel Ölmühle
Hartlieb)

**Angeröstete Erdäpfelwürfel
(Mini-Braterdäpfel):**
1 mittelfest kochender Erdapfel
15 g Butter

Erdäpfel-Mousseline:
In einer Kasserolle die Butter schmelzen lassen, die Schalotten darin andünsten, mit dem Weißwein ablöschen und mit dem Fond aufgießen.

10 Minuten köcheln lassen, das Obers eingießen und um ca. ein Drittel einkochen. Durch ein Sieb zu den gewürfelten Erdäpfeln streichen und anschließend pürieren. Mit geriebener Muskatnuss abschmecken und warm stellen.

Meersalz-Erdäpfel:
Die Erdäpfel schälen und in Salzwasser kochen, das Wasser abgießen und die Erdäpfel in einer Schüssel grob zerdrücken. Im Ofen bei 80 °C antrocknen lassen.
Kurz vor dem Servieren mit grobem Meersalz bestreuen.

Emulsion von Blattpetersilie:
Die Petersilie grob zerteilen und mit Öl im Mixbecher auf höchster Stufe so weit wie möglich zerkleinern. Anschließend durch ein feines Sieb passieren.

Angeröstete Erdäpfelwürfel:
Die Erdäpfel schälen, in ca. 4 mm dicke Scheiben schneiden und dann klein würfeln. In einer beschichteten Pfanne die Butter schmelzen lassen, Erdäpfelwürfel dazugeben und andünsten, langsam die Hitze erhöhen und goldbraun rösten.

Anschließend auf einem Küchenpapier abtropfen lassen und warm halten.

Die Garnelen in einer Pfanne mit Öl für ca. 3 – 4 Minuten sanft braten, dabei schwenken und mit Tomaten-Würzsoße abschmecken. Nach Gusto eventuell Zitronen- oder Limettenzeste dazugeben. Auch ein Schuss Verjus passt gut.

Auf einer Platte mit den dreierlei Erdäpfeln und der Petersilienemulsion anrichten und schlemmen.

DIE TISCHGESELLSCHAFT IM TRADITIONSWIRTSHAUS LAUFKE

Heute laden wir im Namen der »GenussSpur« Steiermark zu einer Tischgesellschaft in die Traditionswirtschaft Laufke in der Elisabethstraße ein und blicken einem spannenden Austausch unter steirischen Kulinarikern und überzeugten Genussmenschen entgegen.

In unserer Expertenrunde sprechen wir ausführlich über die Produkte aus den steirischen Regionen, die Erzeugnisse von Feld und Garten, aus Wasser und Wald, die wir auf unseren Genusstouren kennengelernt haben. Produkte, die wir am liebsten im Rhythmus der vier Jahreszeiten genießen. Die wir mit Leidenschaft entdecken, ausprobieren, in unseren Küchen und Kellern veredeln, um sie an unsere Gäste und Freunde weiterzugeben.

Die Erkenntnis überrascht nicht besonders. Über die Jahrzehnte hat sich viel verändert in der Steiermark, manches ist gleichgeblieben. Essenstrends kommen und gehen. Für manche wünschen wir uns, dass sie bleiben. In dem Bestreben immer die besten Teile von früher im Heute zu bewahren.

Wir sind stolz, in der Steiermark zu leben. Einem Land, das eine derartige Vielfalt zu bieten hat. Vom alpinen Norden zum mediterranen Süden. Und wir sind stolze Kulinariker, Köche, Sommeliers, Weinbauern, Denker, Umsetzer, aber vor allem Genussmenschen.

www.laufke.net
Elisabethstraße

Danke für den regen Gedankenaustausch:

Willi Haider

1982 erster Koch der Steiermark, der vom Restaurantführer Gault-Millau mit zwei Hauben ausgezeichnet wurde, 1990 – 2010 Inhaber »Erste steirische Kochschule« mit nahezu 32.000 Absolventen und fast 2.500 Kurstagen nicht nur die erste, sondern auch die erfolgreichste ihrer Art, Autor von 21 Kochbüchern, Chefberater für das Kulinarium Steiermark, Konsulent und Berater für kulinarische Initiativen.
Danke auch für deine Rezepte!

Manfred Flieser

Slow-Food-Styria, unabhängiger Journalist und unermüdlicher Wegbereiter für kleine Lebensmittelhandwerker und regionale Genussprodukte, Herausgeber »Slow Food Styria Guide«.

Barbara Klein

Marketingexpertin und Inhaberin der Agentur »Weißes Papier«

Jakob Schönberger und Markus Neuhold

zwei der drei anwesenden Wirte und Köche im Traditionswirtshaus Laufke: Danke, dass ihr uns diesen schönen Rahmen zur Verfügung gestellt habt. Es war wie immer wunderbar bei und mit euch.

Lucija Novak

unsere Fotografin, die auf der »Genuss-Spur« Steiermark jeden »Spaß« mitgemacht hat.

Robert Flieser und Hannes Rossbacher

unsere größten Stützen, die Ehemänner.

GLOSSAR DER STEIRISCHEN UND ÖSTERREICHISCHEN BEGRIFFE

abseihen	durch ein Sieb gießen
Abtrieb, der	Masse aus flaumig gerührter Butter, Staubzucker und Eidottern
Aufg'setzte Henn', die	Brathuhn mit Semmelfülle und Bratkartoffeln aus dem Rohr
(Kalbs-)Beuschel, das	Rezept: Kalbslunge und -herz mit Wurzelwerk und Gewürzen gekocht, zerkleinert, in einer Soße fertiggegart
brocken	(Schwammerln oder Pilze) sammeln, Kirschen pflücken;
Brösel, die	Paniermehl (das Brösel, Einzahl: Krümel)
Dampfl, das	Vorteig für Germ- bzw. Hefeteig
degorgieren	Entfernen des Hefedepots aus dem Flaschenhals, das bei der Flaschengärung entstanden ist
Dreikanthof, der	Dreiseithof; zusammenhängende Gebäudetrakte, u-förmig angelegt
Dressiersack, der	Spritzbeutel
Eierschwammerl, das	Pfifferling
Fisole, die	Schnittbohne, Grüne Bohne, Gartenbohne
Fleckerlnudel, die	auch: Fleckerl; kleine, quadratisch geformte österreichische Nudelart
Fledermaus, die	auch Schalblattl; Fleischteil vom Schwein, Rind oder Kalb aus dem Kreuzbein (Schlussknochen der Hüfte) ausgelöst
Frittate(n), die	Suppeneinlage aus fein geschnittenem Palatschinkenteig
Germ, die	Hefe
Giersch, der	schmackhafte Wildkrautart; enthält besonders viel Vitamin C, Mineralstoffe und Spurenelemente
Gschisti-Gschasti, das	Getue, Aufheben
gleichgepresst	Weinvokabel; Trauben liegen nicht auf der Maische, sondern werden gerebelt und gleich gepresst.
Grammel, die	Griebe
Haube, die	(Koch-)Mütze; alljährlich verliehen und veröffentlicht von Gault Millau (ähnlich dem Michelin-Stern)
Karkasse, die	Knochengerüst von Hühnern und Fischen sowie (ausgenommene) Panzer von Krustentieren
Kren, der	Meerrettich
Kulinarium Steiermark	Gütesiegel für Gastronomiebetriebe von der Almhütte bis zum Dreihaubenlokal, die sich durch regionale, saisonale Küche aus heimischen Lebensmitteln und traditionsbewusste Gastfreundschaft auszeichnen
Laden schupfen	Laden führen, im Griff haben
Marille, die	Aprikose
Natural Wine/Naturwein, der	Wein aus biologischer oder biodynamischer Landwirtschaft, der möglichst ohne Zusätze produziert wird

Orangewein, der	Weißwein, der wie ein Rotwein maischevergoren wird und von den Beerenschalen eine dunkelgelbe bis orange Farbe und mehr Tannine (pflanzliche Gerbstoffe) annimmt
Palette, die	Tortenstreicher
Palatschinke, die	Crêpe, dünner Pfannkuchen
Paradeiser, die	Tomate
Pet Nat	Abkürzung für Pétillant Naturel; natürlicher Schaumwein; Der gärende Most wird ohne Zusatz von Zucker, Hefe oder Ähnlichem in Flaschen umgefüllt, wo er unter hermetischen Bedingungen seine Gärung vollendet. Je nach verbliebenem Zucker entsteht mehr oder weniger Kohlensäure. Es findet keine abschließende Dosage (Zugabe von Schwefel oder Zucker) statt.
Pogatscherl, das	auch: Pogatsche; rundes, salziges Gebäck aus Germ (Hefe)
Plutzer, der	hier: Kürbis; auch: (großer) Kopf oder besonders geformter Tonkrug
resch	knusprig, kross
Rote Rübe, die	auch: Rone; Rote Beete
Schilchertrester, der	Fester Rückstand nach dem Pressen von Schilchertrauben
Schlagobers, das	Sahne
Schwarzbeere, die	Waldheidel- bzw. -blaubeere
Semmel, die	Weißmehlbrötchen
Spagat, der	Küchengarn
Standler, der	Verkäufer am Marktstand
Startin, das	altes, in der Steiermark gebräuchliches Hohlmaß für Fässer; früher 566 Liter, heute 600 Liter; es gibt auch das Halbe Startin mit 300 Liter.
Staubzucker, der	Puderzucker
Sterz, der	aus Mehl/Grieß gekochte und in Butter oder Schmalz geröstete traditionelle Gerichte aus dem Alpenraum aus Buchweizenmehl: Heidensterz aus Maisgrieß: Türkensterz aus Roggen- und Weizenmehl: Brennsterz aus Kartoffeln: Erdäpfelsterz
Topfen, der	Quark
Verjus, der	Saft, der beim Pressen unreifer Trauben entsteht
vlg	Abkürzung für vulgo; Vulgonamen sind Hausnamen, die in der ländlichen Steiermark oft gebräuchlicher sind als Familiennamen.
Vogerlsalat, der	Feldsalat
Weichsel, die	Sauerkirsche
Zeste, die	Abrieb mit Zestenreißer (Küchenwerkzeug) von der unbehandelten Zitronen- oder Orangenschale
zuputzen	unerwünschte Bestandteile entfernen

NOCH MEHR GENUSS.SPUR-TIPPS

Weststeiermark

GASTRONOMIE, BUSCHENSCHÄNKEN &
WEINBAU

Bio-Alm Wassermann-Wirt
Reinischkogel / St. Stefan ob Stainz
www.wassermann-wirt.at

Naturhotel »Der Klugbauer«
Reinischkogel / St. Stefan ob Stainz
www.klugbauer.at

Caféhaus Ebner
St. Stefan ob Stainz
www.cafehaus-ebner.at

Rauch-Hof
Marhof / Stainz
www.rauch-hof.at

Das Ursprung
Rassach / Stainz
www.dasursprung.at

Restaurant »Essenzz« im Stainzerhof
Stainz
www.restaurant-essenzz.at

Restaurant »Die Mühle —
Ein ›SchmuckStück‹«
Stainz
www.muehle-stainz.at

Die Meierei beim Flascherlzug
Stainz
www.meierei-stainz.at

Café Lex
Stainz
www.cafelex.at

Gasthof Kollar-Göbl
Deutschlandsberg
www.kollar-goebl.at

Burg Deutschlandsberg Restaurant
Hotel Museum
Deutschlandsberg
www.burg-deutschlandsberg.at

Edler's Landhaus Oswald
Groß St. Florian
www.landhaus-oswald.at

Gasthaus Pauritsch
Schwanberg
00 43 / 34 67 / 84 07

Gasthäuser Strutz und Roschitzhof
Soboth
www.roschitzhof.at

Gasthaus Lindner
Soboth
00 43 / 34 60 / 20 5
00 43 / 664 / 302 50 21

Schlosskeller
Ligist
www.schlosskeller-ligist.at

Buschenschank Fuchsenhof
Krottendorf-Gaisfeld
00 43 / 664 / 924 24 87

Buschenschank Hiden vlg Höllerhansl
Hochgrail / St. Stefan ob Stainz
www.weingut-hiden.at

Buschenschank Krainerhof
Zirknitz / St. Stefan ob Stainz
www.krainerhof.at

Buschenschank Lazarus
Langegg / St. Stefan ob Stainz
www.weingut-lazarus.at

Buschenschank Machater
Gundersdorf / St. Stefan ob Stainz
www.machater.at

Weingut Oswald vlg Trapl
Lestein / St. Stefan ob Stainz
www.trapl-schilcher.at

Wein- und Sektmanufaktur Strohmeier
Lestein / St. Stefan ob Stainz
www.strohmeier.at

Buschenschank — Weingut Weber
Lestein / St. Stefan ob Stainz
www.weingutweber.at

Weingut Domäne Müller
Groß St. Florian
www.domaene-mueller.com

Weingut Jöbstl,
Wernersdorf / Wies
www.joebstl.eu

Weingut Strohmaier
Pölfing-Brunn
www.strohmaier.schilcher.com

Buschenschank Garber
Eibiswald
www.buschenschank-garber.com

VERKAUF AB HOF & MANUFAKTUR & LADEN

Ölmühle Herbersdorf
Stainz
www.oelmuehle.herbersdorf.at

Ölmühle Leopold
Deutschlandsberg
www.oelmuehleleopold.at

Bio–Konditorei »Die Tortenkomponisten«
Söding
www.dietortenkomponisten.at

Bernhard Essigmanfaktur
Groß St. Florian
00 43 / 664 / 180 25 59

Fleischmanufaktur Kollar-Göbl
Deutschlandsberg
www.kollar-goebl.at

Mago Handwerkskäse
Deutschlandsberg
www.handwerkskaeserei-mago.at

Lammfleisch Katrin Woldrich
Bärnbach
ab Hof und über www.nahgenuss.at

Teichwirtschaft Gut Hornegg
Preding
www.gut-hornegg.at

Wein- & Genuss Laden Familie Kleindienst
Gundersdorf/St. Stefan ob Stainz
www.wein-genussladen.at

Lukashof GenussManufaktur
Stainz
www.lukashof.eu

Kaufhaus Hubmann
Stainz und Eibiswald
www.hubmann.st

Hochsteiermark

GASTRONOMIE

Johanns Genusshaus
Bruck
www.johanns.at

Hotel und Restaurant Krainer
Langenwang
www.hotel-krainer.com

Gasthof Schäffer
Neuberg an der Mürz
www.gasthofschäffer.at

Wirtshausbrauerei Mariazell
Mariazell
www.bierundbett.at

Landgasthof Hubinger
Etmißl / Thörl
www.hubinger.com

VERKAUF AB HOF & MANUFAKTUR & LADEN

Bäckerei Köck
Mürzzuschlag
www.baeckerei-koeck.at

Streuobsthof Weissenbacher
Moststub´n, Mosteria & Mostothek
Allerheiligen im Mürztal / Kindberg
www.streuobsthof.at

Bio-Hofkäserei Grabenhofer vlg Almbauer
St. Kathrein am Hauenstein
www.ziegenkaese.at

Bio-Käserei und Sennerei Lurgbauerhütte
Schneealm
Bio-Bauernhof
Altenberg an der Rax / Neuberg an der Mürz
www.lurgikas.at

Biobauernhof Mötschlmeierhof
Familie Lanzer
Mötschlach / Oberaich
www.moetschlmeierhof.at

Kräuter- und Artfarm Mike & The Muse
Niklasdorf
www.mikeandthemuse.com

Biohof Konrad
St. Peter am Freienstein
www.bio-austria.at/biobauer/biohof-
schwoagabauer

Forellenzucht Igler
Kalwang
www.forellenzucht.com

Fischzucht Steif
Hafning
00 43 / 676 / 418 71 30

Biobauernhof Michlbauer
Neuberg an der Mürz
www.michlbauer-holzer.at

Südoststeiermark

GASTRONOMIE, BUSCHENSCHÄNKEN &
WEINBAU

Gasthaus Haberl
Ilz
www.finks-haberl.at

»Saziani Stub´n« Weingut Neumeister
Straden
www.neumeister.cc

Wirtshaus Steira Wirt
Trautmannsdorf
www.steirawirt.at

Restaurant Klöcherhof Hotel Dornittner
Klöch
www.weingut-dornittner.at
www.kloecherhof.at

Weingut Engel
Tieschen
www.engelweine.at

Fischer Weine
St. Anna am Aigen
www.fischer-weine.at

Weingut Frauwallner
Straden
www.frauwallner.com

Weingut Frühwirth
Klöch
www.fruehwirth.at

Weingut Anne Grießbacher
St. Anna am Aigen
www.griessbacher.at

Weinhof Rossmann
St. Peter am Ottersbach
www.weinhof-rossmann.at

Weinhof Platzer
Tieschen
www.weinhof-platzer.at

Echtwein von Ploder-Rosenberg
St Peter am Ottersbach
www.ploder-rosenberg.at

Weinhof Krenn.49
Edelsbach bei Feldbach
www.krenn49.at

Weinhof Buschenschank Hartinger
Söchau und Unterlamm
www.weinbau-hartinger.at

VERKAUF AB HOF & MANUFAKTUR & LADEN

Bäckerei Wachmann
Großsteinbach
00 43 / 3386 / 82 79

Biohof Krenn
Kapfenstein
00 43 / 3157 / 24 14

Geflügelhof Lugitsch
Feldbach
www.steirerhuhn.at

Vulkano Schinkenmanufaktur
Auersbach
www.vulcano.at

Biohof Krainer
Riegersburg
www.biohof-krainer.at

Biohof Labonca
Burgau
www.labonca-biohof.at

Fromagerie zur Riegersburg
Riegersburg
www.thecheeseartist.at

Brauhaus Bevog
Bad Radkersburg
www.bevog.at

Bauernladen
»Urlmüller's Paradeis BARadies«
Straden
www.urlmuellers.at

Biogemüsehof Pranger
St. Anna am Aigen
www.biohofpranger.at

Bier- und Whiskymanufaktur »Lava Bräu«
Feldbach
www.lavabraeu.at

Schnapsbrennerei & Essigmanufaktur Gölles
Riegersburg
www.goelles.at

Fink's Delkatessen
Ilz
www.finks-haberl.at

Getreide- und Ölmühle »Schalk Mühle«
Ilz
www.schalk-muehle.at

Spargelhof Margret Brugner
Bad Blumau
www.steirerspargel.at

Greißlerei de Merin
Straden
www.demerin.at

Oberes Murtal

GASTRONOMIE

Hotel und Restaurant Stigenwirth
Krakauebene
www.stigenwirth.at

Landsitz Pichlschloss
Mariahof
www.pichlschloss.at

Gasthof Knappenwirt
Mariahof
www.knappenwirt.at

Gasthof Lercher
Murau
www.lercher.com

Resort »G'schlössl«
Großlobming
www.gschloessl-murtal.at

VERKAUF AB HOF & MANUFAKTUR & LADEN

Bäckerei Gruber
St. Lorenzen / St. Margarethen
www.baeckerei-gruber.com

Biohof Pojer
Seckau
00 43 / 650 / 277 14 68

Regner Seckauer Lebkuchen
Seckau
www.lebkuchen-regner.at

Restaurant Hotel Hofladen Hofwirt
Seckau
www.hotel-hofwirt.at

Biohof Hofkäserei Lassacher
Neumarkt in der Steiermark
00 43 / 664 / 346 79 70

Steirische Wildspezialitäten
Coloman Strohmeier
Neumarkt in der Steiermark
www.wild-strohmeier.at

Obersteirische Molkerei
Knittelfeld
www.oml.at

Hofladen Herk
Kobenz
www.herk-eier.at

Naturmühle und Naturbäckerei Hager
Murau
www.naturbrot.at

Alpine Steiermark

GASTRONOMIE

Gasthaus Krenn
Greißlerei & Gästehaus
Pürgg / Trautenfels
www.gasthauskrenn-puergg.at

Hotel »Erzherzog Johann«
Bad Aussee
www.erzherzog-johann.at

»Genuss am See« Gasthaus Kohlröserlhütte
Bad Aussee
www.genussamsee.com

Seewiese Altaussee
Altaussee
www.seewiesealtaussee.at

Das Seeplatzl im Seehotel Grundlsee
Grundlsee
www.seehotelgrundlsee.at

Alpengasthof Grobbauer
Oppenberg
www.alpengasthof-grobbauer.at

Gasthaus Knödl-Alm
Bad Mitterndorf
www.urig.at

Schupfer's Dorfschmiede
Bad Mitterndorf
www.schupfers-dorfschmiede.at

Restaurant Hoamat
Landl
00 43 / 3633 / 210 60

Restaurant »Die Tischlerei«
Schladming
www.dietischlerei.co.at

VERKAUF AB HOF & MANUFAKTUR & LADEN

Schermerhof
Admont
www.lahn-alm.at

Milwisch Bio-Ziegenhof
Mooslandl / Landl
www.ennstal-ziegen.com

Biohof Laussabauer
St. Gallen
www.laussabauer.at

Mostkellerei Veitlbauer
St. Gallen
www.veitlbauer.at

Fischerei Ausseerland
Pichl-Kainisch, Grundlsee, Bad Aussee
www.fischereiausseerland.at

Oststeiermark

GASTRONOMIE, BUSCHENSCHÄNKEN &
WEINBAU

Forellengasthaus zur Raabklamm
Arzberg
www.gasthaus-zur-raabklamm.at

Gasthof Lang zur Festenburg
Bruck an der Lafnitz
www.hausfestenburg.at

Traditionswirtshaus Gallbrunner
Waisenegg / Birkenfeld
www.gallbrunner.at

Restaurant »Der Luis«
im Posthotel Thaller
Anger
www.posthotel-thaller.at

Berggasthof König
Pöllauberg
www.berggasthof-koenig.at

Landgasthaus Riegerbauer
St. Johann bei Herberstein
www.riegerbauer.at

Wirtshaus Meißl
Puch
www.wirtmeissl.at

Gasthof Unterberger Jagawirt
Brandlucken / St. Kathrein am Offenegg
www.gasthof-unterberger.at

Hotel Restaurant »Der wilde Eder«
St. Kathrein am Offenegg
www.der-wilde-eder.at

Buschenschank Breitenberger
Kaibing / Feistritztal
www.breitenbergerwein.at

VERKAUF AB HOF & MANUFAKTUR & LADEN

Bio-Fruchtsafthof Kochauf
Gleisdorf
www.kochaufsaft.at

Schaubackofen Schirnitz
Großpesendorf
www.apfellandbrot.at

Kalbfleischmanufaktur Zotter
Buch-Sankt Magdalena
www.zotter-fleisch.at

Fleischerei Buchberger
Pöllau
www.buchberger.co.at

Obsthof Retter
Winzendorf / Pöllau
www.obsthof-retter.com

Fischzucht Schröcker
Naas
00 43 / 3172 / 37 44

Pock's Edelfisch
Bruck / Lafnitz
www.pocks.at

Bio-Hofkäserei Thanei
Pöllau
www.biokaeserei-thanei.at

Ölmühle Fandler
Pöllau
www.fandler.at

Biohof Lebenbauer
Hartberg
www.biohof-lebenbauer.at

Getreide- und Ölmühle Posch
Hartberg
www.poschmuehle.at

Bio-Teigwaren Melchart
Pischelsdorf
00 43 / 3113 / 80 58

Fischerauers Essigzentrum
Pischelsdorf
www.essig.at

Biohof Froihof
Fischbach
www.grubenkraut.at

Bio-Hofladen Renner
St. Margarethen an der Raab
www.biohof-renner.at

Almenland Stollenkäse
Passail
www.almenland-stollenkaese.at

Weizer Schafbauern »Mähh«
Mitterdorf an der Raab
www.shop.mähh.at

Biohof Großroatenhof
Anger
www.zetzzottel.at

Südsteiermark

GASTRONOMIE, BUSCHENSCHÄNKEN &
WEINBAU

Restaurant Murnockerl
Gralla
www.murnockerl-gourmet.at

Wirtshaus Maitz
Ratsch an der Weinstraße
www.maitz.co.at

Magnothek & Wirtshaus am Zieregg
Berghausen
www.magnothek.at

Restaurant »Oliver kocht«
Spielfeld
www.oliver-kocht.at

Schramms Wirtshaus
Sulztal an der Weinstraße
www.schramms-wirtshaus.at

Gasthaus Thaller
St. Veit am Vogau
www.gasthaus-thaller.at

Wirtshaus »Die Weinbank«
Ehrenhausen an der Weinstraße
www.dieweinbank.at

Loisium Wine & Spa Hotel
Ehrenhausen an der Weinstraße
www.loisium.com

Restaurant Steirerland
Höch am Demmerkogel / Kitzeck im Sausal
www.steirerland.co.at

Restaurant »T.O.M. am Kochen«
St. Andrä im Sausal
www.tomr.at

Weingut und Buschenschank Pichler-Schober
St Nikolai im Sausal
www.pichler-schober.at

Buschenschank Schneeberger
Heimschuh
www.weingut-schneeberger.at

Weingut und Buschenschank Kratzer
Heimschuh
www.buschenschank.kratzer.cc

Weingut Albert
Kitzeck im Sausal
www.weingut-albert.at

Buschenschank Malli
Einöd/Kitzeck im Sausal
www.weingut-malli.at

Weingut, Schlafgut, Genussgut Michi Lorenz
Kitzeck im Sausal
www.michilorenz.at

Weingut Lambauer
Kitzeck im Sausal
www.weingut-lambauer.at

Weingut Gutjahr
Kitzeck im Sausal
www.weingut-gutjahr.at

Weingut Gerngross
Sausal
www.weingut-gerngross.at

Bio-Weingut Karl Schnabel
Gleinstätten
www.karl-schnabel.at

Weingut Hirschmugl –
Domäne am Seggauberg
Leibnitz
www.hirschmugl-domaene.at

Weingut Grabin
Labuttendorf
www.grabin.at

Weingut Bockmoar
Wildon
www.bockmoar.at

Weingut & Buschenschank Tinnauer
Gamlitz
www.weingut-tinnauer.at

Weingut Schnabl
Gamlitz
www.weingut-schnabl.at

weingut Hack-Gebell
www.hack-gebell.at
Gamlitz

Buschenschank Weingut Trabos
Gamlitz
www.trabos.at

Weingut Eva Lambauer
Gamlitz
www.evalambauer.at

Weingut Strauss &
Weinschmiede Tscherne-Strauss
Gamlitz
www.weingut-strauss.at
www.tscherne-strauss.at

Weingut Firmenich
Berghausen
www.firmenich.at

Weingut Adam Schererkogel
Gamlitz
www.adam-schererkogl.at

Weingut Hannes Sabathi
Gamlitz
www.hannessabathi.at

Weingut Sattlerhof
Gamlitz
www.sattlerhof.at

Weingut Peter Skoff – Domäne Kranach-
berg
Gamlitz
www.peter-skoff.at

Weingut Brolli-Arkandenhof
Gamlitz
www.brolli.at

Weingut Goedwinemakers
Gamlitz
www.goedwinemakers.at

Weingut Elsnegg
Gamlitz
www.elsnegg.at

Weingut Riegelnegg – Olwitschhof
Gamlitz
www.riegelnegg.at

Weingut Pongratz
Gamlitz
www.pongratz.cc

Weingut Tement
Berghausen
www.tement.at

Weingut Firmenich
Berghausen
www.firmenich.at

Weingut Regele
Ehrenhausen an der Weinstraße
www.regele.com

Weingut Tschermonegg
Glanz an der Weinstraße
www.tschermonegg.at

Buschenschank Dreisiebner Stammhaus
Sulztal an der Weinstraße
www.dreisiebner.com

Ratscher Landhaus
Ratsch an der Weinstrasse
www.ratscher-landhaus.at

Weingut Robert und Susanne Zweytick
Ratsch an der Weinstraße/Ehrenhausen an
der Weinstraße
www.weingut-rzweytick.at

Weingut Ewald Zweytick
Ratsch an der Weinstraße / Ehrenhausen
an der Weinstraße
www.ewaldzweytick.at

Weingut Gross
Ratsch an der Weinstraße / Ehrenhausen
an der Weinstraße
www.gross.at

Weingut Kögl
Ratsch an der Weinstraße / Ehrenhausen
an der Weinstraße
www.weingut-koegl.com

Weingut Maitz
Ratsch an der Weinstraße / Ehrenhausen
an der Weinstraße
www.maitz.co.at

Buschenschank Kollerhof-Lieleg
Leutschach an der Weinstraße
www.kollerhof.com

Weingut & Buschenschank Repolusk
Leutschach an der Weinstraße
www.repolusk.at

Weingut Erwin Sabathi
Leutschach an der Weinstraße
www.sabathi.com

Weingut und Buschenschank Weiss-Welle
Leutschach an der Weinstraße
www.weiss-welle.at

Oberguess
Leutschach an der Weinstraße
www.oberguess.com

Weingut Peter Masser
Leutschach an der Weinstraße
www.masser.cc

Weingut Bernd Stelzl
Leutschach an der Weinstraße
www.berndstelzl.at

Bio-Weingut Thünauer
St Johann im Saggautal
www.weinbau-thuenauer.com

Polz Buschenschank
»Harmonie für Leib und Seele«
Strass in Steiermark
www.polz-buschenschank.at

Weingut Primus
Graßnitzberg
www.primus.cc

Weingut Trummer
Spielfeld
www.trummerwein.at

VERKAUF AB HOF, MANUFAKTUR & LADEN

Hausbrauerei Löscher
St. Nikolai im Sausal
www.flamberger.at

Hofladen Serschenhof
Leutschach
www.serschenhof.at

Verein Steirerrose
Arnfels
www.steirerrose.at

Genussladen und Naturgarten
»Die Amtmann«
Gamlitz
www.die-amtmann.at

Region Graz

GASTRONOMIE, BUSCHENSCHÄNKEN &
WEINBAU

Restaurant Kupferdachl
Premstätten
www.kupferdachl.at

Wirtshaus Genusstreffpunkt Höfer
Weinitzen
www.genusstreffpunkt.at

Restaurant Hochkuchl
Semriach
www.semriacherhof.at

Restaurant »Wir:zhaus«
Sankt Radegund
www.wirzhaus.at

Buschenschank und Weingut Ponigl-Stern
Rohrbach-Steinberg
www.buschenschank-ponigl.at

Gasthof Großschedl »Zum Kramerwirt«
Kainbach bei Graz
www.grosschedl.at

VERKAUF AB HOF, MANUFAKTUR & LADEN

Fleischerei Rinner
Seiersberg
www.rinner.co.at

Forellenzucht Igler
Stattegg
www.iglerforellen.at

Biolandwirtschaft Jaklhof
Kainbach bei Graz
www.jaklhof.at

Flecks Steirerbier
Frohnleiten
www.steirer-bier.at

Bio-Obstbau Birnstingl
Hitzendorf
www.martinbirnstingl.at

Wildkräuterhühner
Karina und Johannes Roßmann
Eggersdorf
Abholung am Hof oder
am Kaiser-Josef-Markt
karina-und-johannes-romann.business.site

Edelhof Hofladen oder
am Kaiser-Josef-Markt
Edelstauden
www.edelhof.cc

Kaufhaus Loder
Kumberg und Eggersdorf
www.loder.co.at

Graz

GASTRONOMIE & BUSCHENSCHÄNKEN

Ferl's Weinstube
www.ferls-weinstube.at

Gasthaus Stainzerbauer
www.stainzerbauer.at

Restaurant Gerüchtekueche
www.geruechtekueche.org

Landhauskeller
www.landhaus-keller.at

Genussbar »dreizehn by Gauster«
www.dreizehnbygauster.at

Restaurant »Der Steirer«
im Hotel Weizer
www.der-steirer.at

Restaurant »Der Speisesaal«
im Grand Hotel Wiesler
www.grandhotelwiesler.com

Restaurants »Mangolds«
www.mangolds.com

Cafe Restaurant Bar »OHO«
www.oho-graz.com

Restaurant »Welscher Stubn«
www.welscherstubn.at

Wirtshaus und »Aiola im Schloss«
schloss.aiola.at

Restaurant »Grubers Kehlberghof«
www.kehlberghof.at

Restaurant Florian im Parkhotel
www.romantik-parkhotel.at

Brötchenbar & Patisserie Frankowitsch
www.frankowitsch.at

Café Schwalbennest
www.schwalben.at

Eckstein.Restaurant.Bar
www.eckstein.co.at

Berggasthaus Luderbauer
www.luderbauer.at

Landgasthof Häuserl im Wald
www.legenstein-hiw.at

Café Fotter
www.cafe-fotter.at

Grand Café Kaiserfeld
www.cafe-kaiserfeld.at

Café Erzherzog Johann
www.erzherzog-johann.at

Ernst Fuchs Bar
www.erzherzog-johann.at

VERKAUF AB HOF, MANUFAKTUR & LADEN

Hofbäckerei Edegger-Tax
www.hofbaeckerei.at

Bäckerei Strohmayer
www.as-strohmayer.at

Bäckerei »zum Weinrebenbäcker«
www.sorgerbrot.at

Fleischerei »Der Feiertag«
www.derfeiertag.at

Fleischspezialitäten Rinner
www.rinner.co.at

Fleischerei Mosshammer
mit 24/7 Fleisch-Automat
www.mosshammer.at

Großhandel »Frischeparadies Thomüller«
www.frischeparadies.at

Pölzl Gemüse
www.poelzl.at

Steirischer Mostsommelier Manfred Fauster
www.most-sommelier.at

Käseverkauf »Kasalm«
www.kasalm.at

Linzbichler Süßwaren
www.linzbichler-schoko.at

Stadtbauernladen
www.stadtbauernladen.at

Bio Naturkost am Hauptplatz
Sonja Piber
www.naturkostimbiss.at

Es gäbe noch so viele mehr, die hier erwähnt
werden müssten, aber der Platz ist leider
beschränkt.

FOTOS:

Seite 14:	Erwin Scheriau
Seite 37:	Ribes
Seiten 46/47, 59, 60, 110, 159, 178, 179, 242 (oben), 247:	Sabine Flieser-Just
Seite 125:	wildfoto.at, Thomas Kranabitl
S. 128 (gr. Foto):	Daniel Leitner
Seite 142:	Andreas Friedrich
Seite 143:	Bernhard Bergmann (großes Foto), Bäckerei Felber (kleines Foto)
Seite 144:	Sandicca
Seite 167:	Kogelberger Wollschwein, Barbara Stessl
Seite 176/177:	Polz Garten, Karin Bergmann und Johannes Kernmayer
Seite 188/189:	Daniel Đunđuš
alle anderen:	GenussSpur Steiermark, Lucija Novak

Speziellen Dank für die Unterstützung: Geero E-Bike und Genussmobil der Energie Steiermark

NOTIZEN:

NOTIZEN: